D1494417

Être zen

un jour à la fois

MODUS VIVENDI

Être zen
un jour à la fois

Hervé Desbois

MODUS VIVENDI

© MCMXCV Les Publications Modus Vivendi inc.

LES PUBLICATIONS MODUS VIVENDI INC.
55, rue Jean-Talon Ouest, 2e étage
Montréal (Québec)
Canada H2R 2W8

Design de la couverture : Émilie Houle
Infographie : Modus Vivendi

Dépôt légal – Bibliothèque et Archives nationales du Québec, 2007
Dépôt légal – Bibliothèque et Archives Canada, 2007

ISBN 13 : 978-2-89523-459-3

Nous reconnaissons l'aide financière du gouvernement du Canada par l'entremise du Programme d'aide au développement de l'industrie de l'édition (PADIÉ) pour nos activités d'édition.

Gouvernement du Québec - Programme de crédit d'impôt pour l'édition de livres Gestion SODEC

Introduction

Par-delà les croyances philosophiques ou religieuses propres à une culture, l'être humain est constamment à la recherche de vérités simples et applicables qui pourraient le rapprocher du bonheur et de la sérénité. Pourtant, pour beaucoup d'occidentaux, et principalement les habitants des villes et des banlieues, chaque jour peut facilement ressembler à une course folle, une course où le bien-être personnel et familial sont souvent sacrifiés au profit de valeurs plus matérialistes.

Du matin au soir, nous courons à droite et à gauche, dépensant beaucoup de temps et d'énergie à travailler pour assurer notre propre survie mais, aussi, pour être capables de nous acheter des beaux jours, du rêve, des loisirs, plus de confort, plus de bon temps, une retraite dorée…

Mais le temps, notre précieux temps, nous file entre les doigts, souvent à notre insu, malgré tous nos efforts et notre bonne volonté. Et la course au bonheur devient une course contre la montre que nous perdrons inévitablement, puisque le temps finit toujours par nous rattraper.

Dans notre état humain, le temps nous est compté, et si la vie est un privilège qui nous est donné le temps d'un voyage ici-bas, comment nous la vivrons et ce que nous en ferons ne dépend que de nous, car nous sommes tous des êtres libres.

N'attendez pas demain pour vivre vos rêves, n'attendez pas demain pour vivre votre vie, car la vie se passe aujourd'hui et maintenant, elle se vit au quotidien, en pleine connaissance de cause et en toute conscience de ce que vous êtes et de ce que vous faites.

La vie peut être simple et belle, la vie peut être zen.

Que ce soit pour vous-mêmes ou pour ceux que vous aimez, soyez zen un jour à la fois.

Celui qui est le maître de lui-même est plus grand que celui qui est le maître du monde.

BOUDDHA

Nous travaillons sur nous-mêmes pour atteindre un plus haut degré de perfection. Cette quête quotidienne, et jamais vraiment terminée, nous concerne dans ce que nous sommes de plus vrai et de plus profond. C'est un travail sur soi qui n'est pas égoïste et qui ne vise pas à écraser les autres. Si nous agissons afin d'être mieux dans notre peau, maître de notre vie, de nos émotions et de nos penchants négatifs, alors les gens autour de nous en profiteront aussi, et nous aurons alors contribué à une parcelle de paix sur cette terre.

Aujourd'hui, je cherche à être maître de moi. Je cherche paix et calme intérieurs et je projette ce calme dans toutes mes activités.

Vois ta vie comme un jardin. Le jardinier ne maudit pas les autres pour ses mauvaises herbes.

HERVÉ DESBOIS

Nos réussites et nos échecs ne dépendent vraiment que de nous. Nous pouvons toujours invoquer les influences extérieures pour justifier nos échecs, influences qui peuvent être effectivement bien réelles, mais plus nous les invoquons et moins nous avons de contrôle sur notre destinée.

Notre vie est notre jardin. Qu'il ressemble à une friche, ou qu'il soit fleuri et agréable à regarder ne dépend que de nous, peu importe le vent, la pluie ou le soleil.

Aujourd'hui, je comprends que je suis cause. La qualité de ma vie et de mes expériences dépend de moi.

La paix avec les autres, avec soi, est une victoire qu'on ne gagne qu'après s'être vaincu soi-même.

RENÉ OUVRARD

Notre pire ennemi est intérieur.

Nous avons déjà entendu cette petite voix en nous qui nous chuchote de ne pas faire la paix, de ne pas faire d'excuses, que ce qui nous arrive n'est pas notre faute, que c'est « aux autres » de s'excuser, de demander pardon, parce que ce sont eux les coupables, parce que c'est leur faute, etc. C'est un discours qui semble se nourrir de lui-même, devenant de plus en plus critique et acerbe à mesure qu'on le laisse aller. C'est aussi efficace que de jeter de l'huile sur un feu.

Savoir que cela se produit en nous est déjà un premier pas dans la bonne direction. Mais il faut ensuite prendre conscience que cela ne mène à rien d'autre que plus de colère et de souffrances. Il suffit parfois d'aller faire une promenade et de regarder autour de soi pour lâcher prise et mettre fin à ce discours interminable.

Aujourd'hui, je regarde autour de moi pour me sortir de ma tête.

Les gens ne peuvent changer la vérité. La vérité change les gens.

David Baird

Une vérité modifiée, même très légèrement, n'est plus une vérité. Et vivre avec le mensonge est une épreuve qui apporte son lot de sueurs froides et de tourments, car le mensonge nécessite beaucoup d'efforts pour « survivre » et rester vraisemblable. La vérité vit par elle-même, elle existe sans que l'on ait besoin de faire quoi que ce soit pour elle, comme la lune luit dans la nuit. Et quand la vérité efface enfin le mensonge, car cela arrive un jour ou l'autre, tôt ou tard, elle change effectivement les gens, pour le mieux ou pour le pire. Choisissez donc la vérité, c'est une meilleure compagne de route.

Aujourd'hui, je choisis la vérité et je voyage le cœur léger.

Il y a cause et il y a effet. Nous sommes soit l'un, soit l'autre.

HERVÉ DESBOIS

Si vous avez déjà observé deux joueurs de tennis, ou deux joueurs de ping-pong, vous avez certainement remarqué qu'ils se renvoient la balle chacun leur tour, chaque fois dans le but de gagner le point. Celui qui s'apprête à frapper la balle est, à ce moment précis, la cause de ce que deviendra ensuite le jeu, et celui qui attend la frappe de l'adversaire en est jusqu'à un certain point l'effet puisque l'issue du jeu, à ce moment précis, dépend en grande partie du coup de son adversaire.

C'est un peu cela, la vie. Nous causons des choses, bonnes ou mauvaises, et nous sommes l'effet, dans une certaine mesure, de ce que causent les autres. La vie devient rapidement beaucoup plus difficile lorsque nous résistons aux effets adverses et que nous refusons d'être la cause des effets que nous créons.

Aujourd'hui, j'accepte le fait que je cause des choses et que je suis effet de certaines autres. Je ne résiste pas à cette réalité. Je constate et je participe afin de créer des effets positifs.

Le plus grand secret du bonheur, c'est d'être bien avec soi.

FONTENELLE

Nous souhaitons probablement tous le bien-être de ceux qui nous sont chers et la bonne marche de toutes ces choses qui constituent notre vie de tous les jours. Si notre bonheur dépend de nous, il passe aussi par le bonheur des gens qu'on aime et qui partagent notre vie. Afin de trouver le bonheur réel, nous devons donc être présents et participer au bonheur des autres.

Parce que je veux être une source positive pour mon entourage, je prends soin de moi et de mon corps, mais je m'occupe aussi des gens autour de moi, car je sais que je ne serai jamais heureux dans un monde rempli de tristesse et de misère.

Du sable entre les doigts
Les nuages s'écoulent
Automne des matins

HAÏKU DE SHIKI MASAOKA

Vous avez peut-être déjà remarqué toute la puissance que peuvent avoir quelques mots : c'est là que réside la magie du langage. Vous pouvez dire un seul mot, mais un mot qui contiendra à lui seul une telle force, une telle intention, que vous pourrez faire sourire ou pleurer, rire ou grincer des dents celui ou celle qui vous écoute.

Le langage est un moyen unique de transmettre nos intentions et nos sentiments. C'est une arme extrêmement puissante, à la portée de tous et en libre circulation. C'est une arme qui peut apporter bonheur et réconfort, mais aussi souffrance et désolation.

Aujourd'hui, j'utilise mes mots avec prudence et discernement.

Chaque moment éclipse le moment d'avant. Peu importe ce qui arrive, ceci est le présent. Fais-y ta maison.

MÉDITATION ZEN

La goutte de pluie qui tombe dans l'eau de la rivière n'existe déjà plus en tant que goutte de pluie ; elle s'est fondue dans l'immensité des flots. On peut toujours observer la rivière et considérer le moment où la goutte a touché la surface de l'eau, mais rien ne pourra faire revenir cette goutte de pluie comme elle était avant.

Le temps s'écoule ainsi, chaque action ou inaction est imprimée dans le grand livre du temps. S'il est toujours possible de corriger une erreur ou de faire quelque chose que l'on a omis de faire, il ne sert à rien de pleurer sur ce qui a été, car nous ne pouvons rien changer à ce qui est déjà écrit. Efforçons-nous plutôt de vivre pleinement notre présent ; c'est encore la meilleure façon de corriger les mauvais coups du passé.

Aujourd'hui, je suis ici dans l'instant présent, car hier est révolu.

L'art est une communion entre les êtres.

HERVÉ DESBOIS

Observez les visiteurs dans un musée. S'ils sont là, c'est qu'ils sont intéressés par les œuvres exposées, tout comme vous l'êtes vous-même. Vous partagez une satisfaction et une réalité communes. Maintenant, imaginez que ces quelques instants puissent se répéter à l'infini et dans toutes les sphères de la société ; nous aurions certainement un monde plus beau et plus vivable.

Il y a dans l'art une forme de communion, une forme d'admiration profonde de la condition humaine. Cette communion avec l'art et avec ceux qui admirent l'art ne peut qu'être bénéfique pour l'esprit, car l'art est un instrument de paix universel, une communion entre les êtres.

Aujourd'hui, j'ouvre les yeux et je regarde l'art autour de moi. J'invite les amoureux de l'art à partager ma vie et, en faisant ainsi, ma vie devient elle-même une œuvre d'art.

Il y a dans la vie tellement de choses susceptibles de nous rendre heureux.

ARTHUR RUBINSTEIN

On dit souvent que le bonheur tient à peu de choses. Et c'est évidemment dans les moments où nous nous sentons le moins bien que ce genre d'affirmation devient difficile à avaler. Dans ces moments de « lourdeur spirituelle et mentale », on dirait que nous trouvons une certaine complaisance à nous appesantir sur notre sort, à nous enfoncer un peu plus dans notre déprime.

Il y a plusieurs façons « naturelles » de se sortir de ces états négatifs, dont celle-ci : aller voir des amis, des vrais, des gens dont la seule présence suffit à raviver un peu la confiance, à redonner le goût de sourire, même timidement. Nous sommes tous plus ou moins perméables aux émotions et aux ambiances, et la présence de gens heureux nous apporte rapidement une nouvelle sensation de légèreté.

La joie et le bonheur se communiquent, alors je m'entoure de gens positifs et heureux, surtout quand je ne le suis pas moi-même.

Garde la paix en toi, ensuite offre-la aux autres.

THOMAS A'KEMPIS

Prêcher par l'exemple, c'est encore la meilleure façon de se faire aimer et respecter. D'ailleurs, comment est-ce possible d'apporter la paix dans notre environnement si nous ne sommes pas en paix avec nous-même ? Au fond, nous savons très bien que cela ne marche pas.

La paix se mérite par un travail individuel parfois difficile. Peut-être devrai-je rétablir les ponts avec certaines personnes, ou m'excuser pour tel ou tel comportement, ou réparer un préjudice. Mais si j'ai suffisamment de cran et de force intérieure pour persévérer à atteindre cette paix, alors je serai capable de la partager avec les autres.

Aujourd'hui, je cherche à être un exemple pour les autres, un instrument de paix.

En filtrant le sable de la rivière, le chercheur d'or finit par trouver la pépite. De même, chacun peut trouver la vérité en soi.

HERVÉ DESBOIS

Le matérialisme de nos sociétés modernes nous a trop souvent fermé les yeux sur les vérités qui résident en nous. Trop souvent nous nous en remettons aux « autorités » ou aux « savants » pour tenter d'expliquer et de comprendre certains phénomènes, et nous perdons jusqu'à un certain point notre capacité de juger et, de ce fait, notre pouvoir de choisir.

Pourtant, lorsque je dois affronter certaines situations délicates dans la vie de tous les jours, il y a ce « quelque chose » en moi qui me dit de faire ceci ou de ne pas faire cela, parce que, au fond, je sais ce qui est bon et ce qui ne l'est pas, ce que je dois faire ou ne pas faire.

Aujourd'hui, je veille à toujours conserver mon aptitude à juger des choses, peu importe ce que les autres en pensent.

Bonne est l'action qui n'amène aucun regret et dont le fruit est accueilli avec joie et sérénité.

BOUDDHA

Les chaînes les plus lourdes à porter sont celles que l'on se forge soi-même. Malgré toutes les bonnes raisons et les justifications que l'on peut invoquer pour se donner raison et défendre certaines de nos actions répréhensibles, le regret fait son chemin et reste là comme un boulet. Nous prenons quelquefois des décisions à la légère sans vraiment en mesurer les conséquences pour nous-même et pour les autres. Et lorsque ces décisions ont des implications fâcheuses, nous finissons toujours par les regretter.

Ce n'est peut-être pas facile de toujours faire les bons choix, mais il est toutefois possible d'évaluer quels seront les impacts pour nous-même et les autres. Positifs ou négatifs ?

Celui qui prend ses décisions en ne pensant qu'à lui ne se rend pas compte qu'il met lui-même son bonheur en péril.

Aujourd'hui, je comprends que ma sérénité dépend aussi de la sérénité des autres. Je réfléchis et j'agis en conséquence.

La patience a beaucoup plus de pouvoir que la force.

PLUTARQUE

Rien ne se règle jamais par la force, car un coup en attire un autre, une vengeance en attire une autre. Des conflits que l'on pensait enterrés à jamais il y a des dizaines d'années refont surface aujourd'hui. Les soi-disant résultats de la force ne sont que temporaires.

Cela ne signifie pas que je doive tout accepter et laisser faire sans me défendre mais, en toutes occasions, je peux m'appliquer à la patience. J'écoute et je respecte ceux qui réussissent et mènent une vie pleine et sereine, car ils me montrent que c'est le fruit d'un travail incessant, un travail de tous les jours.

J'apprends la patience, jour après jour, petit à petit. C'est une arme plus redoutable que la force.

*Si, avec un mental pur, quelqu'un parle ou agit,
alors le bonheur le suit comme l'ombre qui jamais
ne le quitte.*

BOUDDHA

Les gens heureux n'ont certainement pas
d'histoire et ne font pas la une des journaux, mais
ce sont pourtant ces gens-là dont l'histoire devrait
nous servir de modèle.

Les temps modernes, avec tout le matérialisme
que cela implique, ont apporté bien des boule-
versements dans notre perception du bien et du
mal. Pourtant, nous devons reconnaître l'utilité et
le bien-fondé des codes de conduite universels,
basés sur le bon sens et le respect, pour aspirer à
une parcelle de bonheur.

Aujourd'hui, je n'ai pas peur de m'imposer
une certaine discipline et à mon entourage. Je
trace mes limites, je les respecte et je les fais
respecter.

Écoutez deux oiseaux se faire la cour, tout en goûtant le calme d'une promenade.

HERVÉ DESBOIS

À quand remonte la dernière fois où vous êtes allé marcher ? Peu importe le moment de la journée ou la saison, il y a toujours quelque chose à découvrir ou à observer. Que ce soit en ville ou à la campagne, vous trouverez sans doute des coins où il fait bon se promener, comme ça, sans but. Écoutez et observez les oiseaux, admirez la nature qui reprend ses forces au printemps, les parterres de fleurs sous le soleil d'été, les magnifiques couleurs de l'automne ou les bancs de neige sculptés par le vent par une belle journée d'hiver.

La nature nous offre un spectacle en perpétuelle évolution et il est gratuit. Si je prête vraiment attention à mon environnement, je vais probablement découvrir des choses dont j'ignorais l'existence, même dans mon propre quartier.

Aujourd'hui, j'ouvre les yeux et les oreilles, et je « sors de moi ».

*On oublie quelquefois le mal que l'on a souffert,
jamais celui que l'on a fait.*

AVÂDANAS

La tranquillité d'esprit passe certainement par une conscience suffisamment nette. L'image du zen en est d'ailleurs une de pureté et de sérénité. Contrairement à ce que l'on pense, le temps n'efface rien, et surtout pas le mal que l'on a fait ! Peu importe les bonnes raisons ou les justifications que nous invoquons, notre passé nous suit et finit toujours par nous rattraper. Parce que nous sommes des êtres spirituels, indépendamment de notre enveloppe charnelle, nous avons une conscience. Et, que l'on y croie ou non, il y aura toujours cette petite voix au fond de nous pour nous rappeler nos mauvais coups.

Si ce n'est pas toujours facile de « marcher droit », il n'en reste pas moins qu'une bonne conscience permet de garder la tête droite et l'âme en paix. J'y travaille quotidiennement l'effort en vaut la peine.

Rien ne reflète mieux l'âme des gens que le cadre dans lequel ils vivent.

ALICE PARIZEAU

Avez-vous déjà remarqué comment une seule maison que l'on rénove peut améliorer l'aspect de tout un quartier ? Et comment cela est habituellement suivi d'autres améliorations dans d'autres maisons ? C'est la magie de la beauté et de l'esthétique à l'œuvre. Comme la fleur épanouie ressort dans une friche, les belles choses attirent les regards plus que la laideur. Certes ce qui est laid ne passe pas inaperçu, mais c'est la beauté qui nous rejoint plus facilement, et c'est vers la beauté que nos regards se portent naturellement.

C'est certainement l'ingrédient d'une bonne philosophie de vie que de prendre soin de notre environnement, à commencer par notre propre maison, notre cour, notre trottoir, notre rue et même au-delà, car c'est un peu comme étaler la couleur de notre âme aux yeux de tous.

Aujourd'hui, je m'occupe de mon coin de planète.

Le lys blanc
Vit chaque instant
Sans un mouvement

HERVÉ DESBOIS

Qu'est-ce que cela signifie « être zen » ? Demandez à différentes personnes ce qu'est leur idéal du calme et vous aurez autant de façons d'être zen.

Nous savons tous dans quel monde nous vivons et que le rythme effréné qui nous est imposé, ou que l'on s'impose soi-même, n'incite pas à la méditation ou au recueillement. Il nous revient donc de décider d'avoir de ces îlots de paix où le corps et l'esprit ont la possibilité de vivre à un autre rythme. Mettez un disque de musique douce et laissez-vous emporter ailleurs, les yeux fermés. Plongez dans un bon bouquin et partez à l'aventure dans un autre monde. Allez vous asseoir dans un endroit paisible et admirez le soleil qui descend lentement sur l'horizon. Trouvez un coin près d'un cours d'eau et laissez-vous bercer par le rythme de la rivière qui coule, ou par le calme serein des eaux d'un lac, écoutez les bruits de l'eau et de toute la vie qui habite l'endroit.

Que ce soit pour une minute ou une journée, il est bon de décrocher de temps à autre. Et pourquoi aujourd'hui je ne me donnerais pas l'occasion d'oublier le temps qui court ?

*L'homme porte en lui la semence de tout bonheur
et de tout malheur.*

SOPHOCLE

S'il vous arrive de vous sentir triste ou en proie à la déprime, ou que le malheur semble s'acharner sur vous, probablement vous souhaiteriez avoir un peu de réconfort. Pourtant, même si c'est une vérité un peu difficile à entendre, se faire dire que nous portons en nous la semence de notre bonheur et de notre malheur peut vraiment nous aider à nous sortir de notre mauvaise passe.

On dit que si quelqu'un a soif, il faut lui donner à boire, mais aussi lui montrer comment trouver de l'eau. Donc, si quelqu'un vient vers vous l'âme en peine, réconfortez-le et écoutez-le, mais aidez-le aussi à trouver en lui les moyens de se sortir de sa condition. C'est de cette façon que vous l'aiderez et que vous vous aiderez vous-même.

Aujourd'hui, je prends conscience des forces et des faiblesses qui m'habitent, et j'aide les autres à faire de même.

Dans tout ce que la nature opère, elle ne fait rien brusquement.

LAMARCK

La tempête peut faire rage et le vent souffler en rafales, les rivières peuvent devenir des torrents et les eaux du ciel tomber comme un déluge, la nature continue malgré tout sa lente progression dans la vie. Le bourgeon attendra le printemps pour éclater et la rose ne fleurira qu'au moment venu.

Nos vies d'Occidentaux pressés peuvent quelquefois ressembler à des coups de vent sur fond de tempête. Et même s'il est quelquefois souhaitable de mettre beaucoup d'efforts et d'énergie dans nos actions, ne cherchons pas à brusquer les événements. Les affaires peuvent rouler et le monde aller vite, nous devons sans doute nous mettre à son diapason pour ne pas être submergé, mais sans jamais oublier que le fruit de notre travail sera amer si nous en négligeons la qualité.

Aujourd'hui, je cherche à améliorer ce que je suis et ce que je fais, mais sans jamais rien brusquer ni négliger.

La sagesse n'est pas la méditation sur la mort, mais sur la vie.

SPINOZA

Si une plus grande sagesse mène à plus d'équilibre et de bonheur, on comprendra aisément que c'est sur la vie, et non sur la mort, que l'on doit méditer. Il est vrai que nous pouvons tirer les leçons de nos échecs et des souffrances du monde, mais il ne s'agit pas là de longuement méditer sur ces moments de noirceur. Si je pense noir, c'est sûr que je verrai noir. Si je me nourris de positif, je verrai la vie avec plus d'enthousiasme.

La meilleure façon de contribuer à la beauté du monde est encore de le bâtir soi-même, chacun à son niveau. Si je veux qu'il soit beau, je dois penser à la vie, non à la mort.

Aujourd'hui, je cherche les éléments positifs dans ma vie et chez les autres.

Si tu veux courir, eh bien, cours ! Mais surtout, ne t'arrête pas en chemin. Cours jusqu'au bout.

HERVÉ DESBOIS

Nous avons parfois des contraintes qui nous obligent à accélérer le rythme pour accomplir nos tâches, et ce n'est alors pas le moment de faiblir et de commencer à vouloir cueillir des fleurs en chemin ! Si l'urgence de la situation l'exige, il me faut savoir reconnaître le fait et agir en conséquence. Être zen ne signifie pas agir avec nonchalance ou négligence, car il est possible de rester calme tout en allant vite, et il sera toujours temps de respirer lorsque le devoir sera accompli. Il n'y a rien de plus beau que de voir une personne s'acquitter d'une tâche rapidement et à la perfection, avec un calme olympien !

Aujourd'hui, je serai compétent et efficace, peu importe la rapidité avec laquelle je dois agir.

La rêverie est la vapeur de la pensée.

VICTOR HUGO

Loin d'être une fuite de la réalité, le rêve éveillé permet de se libérer d'un surplus de tension. C'est aussi une façon de se brancher à un autre univers, un univers où tout est possible, un univers qui peut être source d'inspiration et de création. Lorsque nous laissons voyager notre pensée, celle-ci vogue ici et là dans les hautes sphères de l'imagination, et qui sait ce que nous pourrons y découvrir .

C'est bien de vouloir garder les pieds sur terre et rester proche de la réalité, mais cette même réalité nous paraîtra probablement plus légère si nous nous permettons des petits moments d'évasion.

Je me laisse aller à la rêverie de temps en temps ça fait du bien à l'âme.

L'art est certainement l'un des plus beaux reflets de la spiritualité.

HERVÉ DESBOIS

L'art peut se trouver dans bien des facettes de notre vie, et nul besoin d'être un artiste professionnel pour faire des choses artistiques. L'assiette que nous préparons pour le repas peut être un délice aussi bien pour le corps que pour les yeux : une belle présentation ne requiert pas de grandes compétences ni de gros efforts.

Je laisse aller mon imagination dans l'agencement de ma chambre ou de mon salon. Même mon travail quotidien peut être fait de façon plus artistique si j'y ajoute une touche d'esthétique. Qui sait les talents qui se cachent en moi sans que j'en ai conscience et que je découvrirai de cette façon .

Nous ne savons peut-être pas quoi faire d'un pinceau et d'une toile, ni d'un appareil photo ou d'un instrument de musique, mais nous pouvons trouver pour nous-même la façon de manifester notre spiritualité. L'art est un lien entre les mondes et les univers, un lien qui nous relie à ce que nous sommes profondément.

Aujourd'hui, je mets de l'art dans ma vie.

Qui vit en paix avec lui-même vit en paix avec l'univers.

MARC AURÈLE

L'univers physique dans lequel nous évoluons tourne selon ses lois et nous y sommes soumis en tant qu'êtres humains. Mais il existe un univers parallèle, un univers spirituel auquel appartient et se rattache l'âme. Et cet univers a aussi ses propres lois, même si elles ne sont pas aussi facilement mesurables que les lois de la physique.

Nous avons probablement déjà tous eu ce genre d'intuition que quelque chose ne tournait pas rond chez quelqu'un ou quelque part. Ainsi, nous pouvons percevoir si une personne n'est pas en paix, sans vraiment savoir de quoi il s'agit, et cela n'a rien de mystique. Inversement, les autres peuvent percevoir des choses similaires en nous.

Aujourd'hui, je prends conscience que, si je veux être en paix avec l'univers, je dois faire en sorte de toujours être en paix avec moi-même.

Fais du bien à ton corps pour que ton âme ait envie d'y rester.

PROVERBE INDIEN

Difficile d'être heureux, bien dans ma peau et d'afficher le visage de la sérénité si mon corps est en mauvaise condition. Être ou se maintenir en forme est une décision personnelle, et pas un régime ne m'apportera la solution si moi-même je n'ai pas décidé de discipliner ma vie dans ce sens.

Dans le fond, chacun de nous sait ce qui est bon et ce qui ne l'est pas. C'est notre inaptitude à regarder les choses en face qui nous empêche le plus souvent de voir les solutions les plus simples et les plus raisonnables.

Si je regarde objectivement la façon dont je m'occupe de mon corps dans mon quotidien, je serai certainement à même d'isoler ce qui n'est pas approprié pour ensuite décider de corriger cela. Il n'en faut peut-être pas plus pour que je me sente bien dans ma peau, une manière de dire que l'âme a envie de rester dans le corps.

Aujourd'hui, je décide de me prendre en main et je persévère dans cette direction.

La joie est tout ; il faut savoir l'extraire.

CONFUCIUS

C'est l'éternel dilemme du verre à moitié vide et du verre à moitié plein. La joie et le plaisir de vivre peuvent être partout dans notre vie ; il suffit d'avoir les yeux pour voir. Même si cela n'est pas toujours facile, il nous faut être capables de regarder le bon côté des choses et prendre le plus possible les événements avec calme et sérénité.

C'est un travail sur soi qui demande beaucoup de courage, de persévérance, et l'aptitude à se poser des questions et à se remettre en question. Sans chercher à se culpabiliser ou à s'introvertir indéfiniment, on peut se demander objectivement pourquoi tel ou tel événement arrive, quel message cela nous apporte et si ce n'est pas l'occasion de réorienter notre vie d'une façon ou d'une autre.

Rien n'arrive pour rien, et même si cela peut être parfois déchirant, je dois avoir le courage de faire face aux événements et faire tout ce que je peux pour « en extraire la vie. »

Le vent de la colère n'apporte que nuages et tonnerre. Ne te laisse pas prendre dans sa tourmente.

HERVÉ DESBOIS

La paix ne se gagne pas avec la guerre, à moins que ce ne soit une guerre entreprise contre soi-même. Et s'il est vrai que nous devons quelquefois nous faire la guerre pour préserver ou faire revenir la paix, c'est aussi un fait que, si la paix nous habite, alors nous serons en harmonie avec notre entourage. À l'inverse, il est bien rare que la haine ou la colère apportent la concorde et la sérénité.

Nous le savons tous pour l'avoir expérimenté nous-même un jour ou l'autre : c'est très facile de succomber à la tentation de la colère. Cependant, nous savons aussi très bien que nous finissons par en être nous-même tôt ou tard la victime.

Aujourd'hui, j'évite de faire des victimes avec mes sautes d'humeur éventuelles.

La raison est le plus grand cadeau que l'on ait reçu, et il est le plus sous-utilisé.

DAVID BAIRD

Malgré le rythme effréné de nos sociétés modernes, nous devons absolument nous imposer des moments de réflexion afin de prendre des décisions réfléchies pour nous-même et nos proches. Il y a pourtant des situations où nous pouvons nous sentir démuni face à certains choix, que ce soit en raison de notre ignorance ou de notre propre manque de confiance, et cela nous incite bien souvent à nous tourner vers d'autres pour prendre conseil. Il y a bien sûr des professionnels compétents qui peuvent nous être d'un grand secours dans les domaines que nous ne connaissons pas du tout, mais cela n'enlève absolument pas notre capacité de raisonner et de prendre nos propres décisions.

Malgré tous les bons avis que je peux recevoir, je reste mon meilleur conseiller.

Aujourd'hui, même si je suis ouvert aux conseils d'autres personnes, je les utiliserai avec l'aide de ma meilleure alliée, ma raison.

La vie n'est pas un problème à résoudre mais une réalité à expérimenter.

BOUDDHA

Dans cette époque agitée, il est facile de voir l'existence comme un gros problème, ou une succession de problèmes, que l'on doit résoudre jour après jour. Qui que l'on soit, les épreuves semblent ne pas manquer. Et, si tous ces facteurs semblent parfois nous submerger, nous pouvons néanmoins essayer de voir chaque journée comme un défi à relever, une expérience nouvelle à vivre. Encore là, il faut ajuster notre vision des choses et nous efforcer de prendre un point de vue créateur plutôt que soumis, agir plutôt que réagir.

La meilleure façon de vivre la vie est encore d'y faire face et de la vivre… intensément.

Aujourd'hui, je regarde la vie avec une détermination nouvelle.

Flocons de neige
Étourdissant manège
Des étoiles de neige

HERVÉ DESBOIS

Qu'il neige ou qu'il vente, que l'horizon soit gris ou le ciel « bleu février », j'aime marcher dans les éléments de l'hiver, sentir sur ma peau la morsure du froid, la gifle d'une bourrasque passagère ou la caresse de gros flocons. C'est une façon de faire un pied de nez à l'hiver en m'extirpant de la chaleur douillette de mon salon le temps d'une promenade, et pour mieux y revenir ensuite, la peau fraîche, les joues rouges et les poumons dilatés d'air pur.

Que ma course quotidienne contre le temps ne m'empêche pas de profiter des bienfaits de l'hiver. Aérer le corps aère aussi l'esprit.

Aujourd'hui, je n'ai pas peur de frissonner et de sortir voir l'hiver.

Ce que l'on crée en soi se reflète toujours à l'extérieur de soi. C'est là la loi de l'univers.

SHAKTI GAWAN

Certaines personnes semblent être de véritables aimants pour les autres. Quelqu'un est là, dans une fête ou une réunion quelconque et, en quelques minutes, il y a plein de monde autour. Cet individu n'est pourtant pas une vedette ni une personnalité connue, mais il a ce petit « quelque chose » qui nous attire et fait que les gens se sentent bien en sa présence.

Que l'on parle de charisme, d'élégance, de classe ou de charme, ces individus ont certainement une personnalité très sociale. Peut-être reconnaissons-nous inconsciemment en cette femme ou en cet homme un modèle de ce que nous cherchons à être . Peu importe l'explication de cette attirance, il est certain que cette personne dégage suffisamment d'énergie positive pour capter notre attention. Et d'où vient cette énergie, sinon de « l'intérieur » de la personne elle-même ?

Aujourd'hui, je cherche à créer des effets positifs sur les autres et mon environnement en commençant par créer de l'énergie positive en moi.

*Ne gaspillez pas trop de temps à vous en faire
pour demain au point d'oublier aujourd'hui.*

DAVID BAIRD

Aujourd'hui, je pourrais me dire que le passé
n'existe pas, que l'avenir n'est pas encore là et
que je n'ai donc qu'à me concentrer sur le temps
présent. Hélas, ce n'est pas en fermant les yeux
que l'on pourra mieux voir.

Nous devons être conscient des étapes de
notre vie et les accepter pour ce qu'elles sont : le
passé ne peut être réécrit mais l'avenir est
entièrement à faire. Et nous pouvons certainement
profiter des leçons du passé pour préparer nos
lendemains. Mais, pas plus qu'il ne faut vivre
dans le passé devons-nous être dans l'avenir au
point de négliger le présent qui nous entoure.
Nous prenons la peine de créer nos lendemains,
alors autant vivre pleinement ces lendemains
pour lesquels nous avons travaillé si fort.

Aujourd'hui, je n'ignore pas les leçons du
passé ni les promesses de l'avenir, mais je
savoure le présent. C'est là que tout se passe.

Ce n'est pas les mauvaises herbes qui étouffent le bon grain, c'est la négligence du cultivateur.

CONFUCIUS

Il n'y a rien de plus facile que de trouver des raisons externes à nos insuccès ou à nos incapacités. À écouter certaines gens parler, on a l'impression que c'est une attitude, ou plutôt un réflexe, qui fait partie de la nature humaine. Évidemment, il n'en est rien, puisque ceux qui mènent une vie productive et heureuse ont l'autocritique facile.

Plutôt que de s'en prendre au voisin ou à la terre entière, tâchons de reconnaître dans nos actions et nos inactions ce qui est un frein à l'épanouissement de nos aptitudes et à notre épanouissement personnel en général.

Je prends garde de ne pas tomber dans les pièges de l'oisiveté et de la paresse, autant de portes ouvertes à la négligence de mes buts, de mes capacités et de mes priorités.

Aujourd'hui, je prends la résolution d'améliorer ma qualité de vie en ne négligeant pas la poursuite de mes buts et le développement de mes aptitudes.

À chaque rêve que nous abandonnons, nous mourons un peu.

HERVÉ DESBOIS

Bien des gens semblent fonctionner comme des robots dans la vie. Ils se lèvent en grognant, se préparent à la hâte, s'engouffrent dans la circulation matinale ou les transports en commun bondés, arrivent sur leur lieu de travail, font leur journée, puis rentrent chez eux où la soirée passera trop rapidement, et ils iront enfin se coucher pour se reposer avant de se lancer dans leur prochaine journée.

D'autres semblent avoir le même rythme, mais leur motivation est toute différente : ils ont choisi ce qu'ils font et sont heureux comme ça. D'ailleurs, cela paraît dans leur attitude face à la vie et dans leur façon d'être et de faire : ils ont l'air vivants.

C'est donc à chacun de choisir son *modus operandi*, sa façon de faire. D'ailleurs, si vous pouvez vous rappeler une fois où vous aviez un rêve et que vous le poursuiviez activement, vous vous rappelerez sans doute comment la vie était alors excitante et pleine d'intérêt.

Mes rêves sont mes créations et il n'appartient qu'à moi de les faire vivre dans la réalité. Et je vivrai autant qu'ils sont en vie.

L'idéal du calme est dans un chat assis.

JULES RENARD

Il m'arrive parfois de tout lâcher pendant quelques instants. Je décroche du temps, j'arrête la course folle et je m'allonge face à mon chat. Je reste là à ne rien faire d'autre que le regarder, me hasardant de temps à autre à effleurer son poil, comme pour m'imprégner de sa douceur féline. Et la magie s'installe… Je sens le stress qui m'habitait s'évaporer en longues bouffées paresseuses, comme si le rythme de mon chat prenait place en moi, chassant toute préoccupation du temps présent.

Aujourd'hui, je me laisse prendre avec délices à ces paresses éphémères, ces parenthèses à la vie. Je prends le temps de glisser dans des moments de détente qui n'appartiennent qu'à moi.

*Le savoir que l'on n'enrichit pas chaque jour
diminue tous les jours.*

PROVERBE CHINOIS

Qui n'avance pas recule, car il semble bien
qu'on ne puisse jamais se reposer sur ses lauriers.
Si nous sommes ici sur terre, c'est pour constamment travailler, d'une façon ou d'une autre. Que
ce soit en matière professionnelle ou sur le plan
personnel, nous avons toujours quelque amélioration à apporter. Nous pouvons améliorer nos
connaissances et nos aptitudes grâce à des cours
du soir, des cours par correspondance ou de la
lecture. Notre monde évolue si vite que nous
devons sans cesse nous tenir à jour et même
élargir nos connaissances et enrichir notre culture
générale.

Même si l'on vous a dit que la curiosité est
un vilain défaut lorsque vous étiez enfant, n'en
croyez rien ! La curiosité bien appliquée est une
preuve de sagesse et de vitalité.

Il y a toujours quelque chose à apprendre ou
à découvrir quelque part.

Aujourd'hui, je me garde en vie en restant
ouvert à la connaissance.

Ne crains pas d'être lent, seulement de t'arrêter.

CONFUCIUS

La vie va tellement vite, parfois, que l'on peut facilement avoir l'air d'être dépassé par les événements. C'est un peu comme avancer à 100 km/h sur l'autoroute et se faire doubler par d'autres automobilistes qui roulent à 150 km/h. On a vraiment l'air de faire du surplace ! Pourtant, nous avançons, peut-être lentement, mais nous avançons. Mais, dans ces moments-là, c'est très facile de se rabaisser et de minimiser nos capacités. Il faut pourtant se faire violence et ne pas chercher à se comparer aux autres. Chacun a ses propres buts, ses priorités et sa stratégie pour les atteindre. Tout ce que nous devons regarder, c'est nos propres objectifs pour établir d'une façon ou d'une autre si nous sommes sur la bonne voie, et simplement persévérer.

Aujourd'hui, j'accepte de ne pas toujours pouvoir être en vitesse supérieure, et il y a même des occasions où il vaut mieux progresser lentement. L'important est d'avancer.

La sérénité est un jardin qu'il nous faut cultiver chaque jour.

HERVÉ DESBOIS

Nous avons tant de choses en nous qui peuvent nous empêcher d'atteindre les sommets de la sérénité, tout comme il y a tant de facteurs extérieurs qui peuvent avoir le même résultat. C'est dire que nous n'avons pas la tâche facile et qu'il nous faut redoubler d'ardeur dans notre voyage vers la paix de l'esprit. D'un autre côté, nous pouvons voir les difficultés de la vie et nos propres faiblesses comme autant d'occasions de nous dépasser. En réalité, chaque jour est un nouveau défi que nous pouvons relever avec confiance et détermination, et ainsi nous permettre de grandir.

« Il faut cultiver notre jardin », disait Voltaire. Cultivons donc notre jardin intérieur, jour après jour, pour être de plus en plus un modèle de paix et de sérénité dans notre coin de pays.

Aujourd'hui, je développe ma force intérieure en cherchant à corriger mes faiblesses.

L'adversité est un miroir qui révèle notre vraie personnalité.

PROVERBE CHINOIS

Vous arrivez dans « le dernier droit », tout semble fonctionner à merveille, l'objectif est à portée de main, quand soudain une complication majeure se met en travers de votre route. Une montagne semble maintenant se dresser entre vous et votre but. La réaction immédiate et courante est la frustration ou la colère. Pourtant, il est important de ne pas se laisser emporter par la colère et, encore moins, par l'abattement.

Face à l'adversité, je relève mes manches et je prends le taureau par les cornes en regardant la situation bien en face afin d'établir les façons possibles de surmonter les difficultés. La persévérance vient à bout de la plupart des problèmes si l'on sait garder confiance.

Aujourd'hui, j'admets que si l'adversité dévoile une mauvaise image de moi-même, il est toujours possible de la changer en travaillant mon côté rationnel et serein.

Les vérités qu'on aime le moins à apprendre sont celles que l'on a le plus d'intérêt à savoir.

PROVERBE CHINOIS

Les vérités font parfois mal, surtout à l'orgueil. Maintenant, c'est à nous de décider si nous voulons voir ou rester aveugle. Même si quelquefois cela peut nous aider de nous faire dire nos quatre vérités, nous sommes habituellement nous-même très conscient de nos propres faiblesses, nous refusons seulement de les voir. C'est tellement dans la nature humaine de toujours donner tort aux autres que nous finissons par ignorer l'évidence qui pourrait nous crever les yeux. Pourtant, c'est probablement la seule façon de grandir, car celui qui n'est pas capable de voir et de reconnaître ses propres erreurs, ses propres torts et ses faiblesses a peu de chances de connaître la paix intérieure.

Si quelqu'un parle de moi et que je n'aime pas ce que j'entends, je tâche de voir objectivement s'il y a du vrai dans ses propos. Si j'étais parfait, je ne serais probablement pas ici sur terre. Alors je peux certainement changer, et pour le mieux.

Aujourd'hui, je regarde la vérité en face et j'accepte la personne que je suis pour mieux grandir.

Savoir, penser, rêver. Tout est là.

VICTOR HUGO

Si la plus grande richesse est dans le savoir, la liberté ultime réside dans le pouvoir de penser, et la plus belle aptitude est celle de rêver. Tout cela fait partie de notre bagage spirituel. Hélas, dans notre ère moderne de « restauration rapide », nous délaissons de plus en plus la richesse du savoir pour des vérités prédigérées, nous abandonnons facilement notre liberté de penser au profit d'idées toutes faites, et nous n'osons peut-être plus rêver autant. C'est une façon de dire aussi que nous perdons notre individualité.

Ne gaspillons pas ces merveilleuses capacités que la vie nous a données. Efforçons-nous plutôt d'apprendre un peu plus chaque jour, n'ayons pas peur de remettre en question les informations que nous entendons ou lisons ici et là, et donnons-nous la chance de rêver. C'est de cette façon que nous resterons en vie.

Aujourd'hui, j'enrichis mon savoir et je me permets de penser et de rêver.

La vie est une fleur qui vit en nous, une fleur dont les racines plongent profondément en nous. Il nous faut la nourrir jour après jour.

HERVÉ DESBOIS.

Depuis le jour de notre naissance, nous portons le poids de notre vie, non pas comme une charge indésirable, mais comme un cadeau à préserver et enrichir. Selon que nous en prenons soin ou non, elle grandira, embellira et engendrera à son tour la vie, ou bien restera petite et terne.

Nous pouvons nourrir cette fleur par l'amitié, l'amour, l'art et l'esthétique. Il faut donc savoir s'entourer de toutes ces beautés, savoir s'entourer de forces positives, et rester attentif à toute forme d'influence négative.

Aujourd'hui, je regarde autour de moi et je prends conscience que la vie est vraiment le plus beau des cadeaux. Je ne le gaspille pas.

Un couple qui passe une journée heureuse réuni est béni de cent jours d'affection.

PROVERBE CHINOIS

Et pourquoi ne pas passer la journée ensemble ? Pourquoi ne pas prendre congé et s'évader quelques heures, rien que nous deux ? Permettons-nous cette petite folie, comme un pied de nez au quotidien et à la routine qui nous endort. Toi et moi, offrons-nous une escapade en amoureux, une fugue d'adolescents. Nous ne serons là pour personne et nous ne ferons rien d'autre que penser à nous. Ce n'est pas une journée comme une autre, mais c'est peut-être la seule avant des semaines ou des mois.

J'ai envie d'une folie, aujourd'hui et pas demain. Disparaissons quelques heures, quelque part, évadons-nous pour nous retrouver, pour mieux revenir, plus heureux et plus forts, ensemble.

Les gestes gracieux sont à l'image de l'âme qui les conçoit, et font paraître plus léger le corps qui les exécute.

HERVÉ DESBOIS

Le corps est un extraordinaire instrument de travail mais, aussi, de communication. Après tout, c'est à travers lui que nous communiquons avec les autres, que nous communiquons nos émotions et que nous communiquons simplement en étant ce que nous sommes. La façon dont nous nous habillons, la manière dont nous marchons, comment nous regardons quelqu'un qui nous parle, tout cela dénote la couleur de l'âme dans le présent, car demain sera peut-être différent.

Il y a des jours où nous trouvons notre corps lourd à déplacer, d'autres où il paraît incroyablement léger. Cela dépend de nous, de comment nous nous sentons.

À l'image du danseur et de la danseuse qui, à force de travail et de persévérance parviennent à faire de leur corps un instrument de l'art et de la beauté, je m'efforce de refléter une image positive dans mes manières d'être et de faire.

Aujourd'hui, je peux contribuer à la beauté du monde.

La courtoisie est la marque d'une personne civilisée.

PROVERBE CHINOIS

Si je n'enseigne pas le respect aux enfants, j'en fais des adultes incapables de respecter les codes de conduite les plus fondamentaux. Il serait temps de se rendre compte que, loin de nuire aux enfants ou de les traumatiser, la discipline bien appliquée est la promesse d'adultes responsables qui, à leur tour, éduqueront convenablement leurs propres enfants.

Moi-même, je me fais un devoir d'être courtois et amical envers les autres. Et, comme une loi naturelle, les autres n'en seront que plus respectueux envers moi.

Il n'y a pas grand mystère au déclin de nos sociétés « évoluées ». L'absence de règles est pire que trop de règles sévères. Être zen ne signifie pas rester là à regarder le monde s'égarer en méditant. Être zen, c'est d'abord vivre dans le respect et l'amour de toutes les formes de vie.

Aujourd'hui, j'inclus le respect dans tous mes gestes, même les plus anodins.

La vie ressemble à un conte ; ce qui importe, ce n'est pas sa longueur, mais sa valeur.

SÉNÈQUE

Le monde est composé d'individus et de groupes, et on ne peut prétendre au bonheur en portant toute son attention sur soi et en oubliant les autres, comme on ne peut porter toute l'attention sur le groupe en oubliant l'individu.

Nous vivons tellement d'interactions avec les autres, la nature et la vie en général que nous ne pouvons les ignorer. « Je fais mes petites affaires dans mon coin et les autres s'arrangent de leur côté » n'est pas un pas sur le chemin du bonheur. S'il est important de nous sentir relativement bien dans notre peau, nous devons néanmoins travailler au bien des autres et apporter notre pierre à la construction du monde.

Aujourd'hui, j'évite l'égoïsme et l'individualisme à tout prix. Je cherche plutôt à être un instrument de paix dans l'édification du monde. Je donne de la valeur à ma vie.

La nécessité apporte la force et la persévérance.

SAGESSE CHINOISE

Dans notre cocon d'Occidentaux bien nantis, nous pouvons facilement avoir l'attitude du laisser-aller, et nous sommes toujours un peu surpris lorsque le besoin frappe à notre porte. C'est pourquoi il est important de ne pas s'endormir sur nos lauriers.

Ce monde a besoin de courage et de détermination, et nous devons tous, individuellement, établir dans notre vie la nécessité d'améliorer le plus possible notre milieu, pour nous et pour les autres. Nous en sortirons plus forts, collectivement et individuellement.

Aujourd'hui, je prends conscience de mes forces et de mes faiblesses, mais je ne me laisse pas décourager par le travail à accomplir.

Sagesse
Ta quête est immortelle
N'ayons de cesse
Que de trouver tes ailes

HERVÉ DESBOIS

La violence rend l'être humain pareil à l'animal enragé, une créature privée de toute étincelle spirituelle. Cette même violence « cloue » l'individu au sol, empêchant l'esprit de s'élever vers les sommets plus désirables de la sérénité. Lorsque les mots que nous prononçons blessent quelqu'un, lorsque nous agissons par vengeance ou par méchanceté, lorsque nous réagissons sans même penser à ce que nous faisons, ou en faisant fi de toutes les conséquences, nous nous rapprochons un peu plus de l'enfer, cet enfer que nous forgeons nous-même ici sur terre.

Même si nous vivons une ère de matérialisme aigu, rien ne nous empêche de chercher la sagesse au fond de nous. L'univers matériel n'est là que pour supporter la vie. Lorsque celui-ci prend toute la place dans notre vie, alors il nous enchaîne et c'en est fini de notre liberté.

Je travaille chaque jour à trouver le chemin de la sagesse, peu importe le reste.

Être en accord et en paix avec sa propre conscience est la condition majeure et primordiale qu'un homme de bien puisse requérir.

JEAN-MICHEL WYL

Avant de chercher à « être bien dans sa peau », il faut d'abord s'assurer de ne pas porter les chaînes de la mauvaise conscience. Car nous sommes seul avec nous-même, seul à discerner pour nous le bien du mal, seul avec notre conscience quand nous faisons face aux règles, que ce soit les règles imposées par d'autres ou nos propres règles.

Si cela paraît facile de céder à la pression et de me dire que « les autres font pareil », je comprends que les justifications sont les graines du regret.

Celui qui n'a rien à se reprocher peut marcher la tête droite, il peut marcher dans la lumière sans craindre les autres, les lois ou les gouvernements. Son sommeil sera paisible et même les jours les plus gris auront quelque chose de lumineux pour lui.

Je ne tombe pas dans les pièges du quotidien, quelles que soient les difficultés apparentes. Aujourd'hui, je reste moi-même, je reste intègre.

Avec le temps et de la patience, la feuille du mûrier devient de la soie.

PROVERBE CHINOIS

Certaines écoles de pensée disent que l'on ne peut pas changer. Nous sommes né avec un bagage génétique, et nous devons nous en contenter. C'est aussi pessimiste que de dire que tout notre destin est déjà écrit et que nous ne pouvons rien y changer et simplement subir notre sort.

Ce genre d'affirmation ignore le côté spirituel de la nature humaine et toute la puissance reliée à la pensée, à l'esprit. Les scientifiques sont d'ailleurs toujours très embarrassés devant la rémission miraculeuse d'un individu cancéreux qu'ils avaient condamné. Ils ne peuvent expliquer la guérison parce qu'une telle guérison n'est pas explicable avec des éprouvettes et des formules chimiques.

Nous sommes avant tout des êtres spirituels. Si nous vivons dans un corps, il n'en reste pas moins que nos aptitudes sont immenses, tellement immenses qu'elles ne sont pas mesurables, même avec le plus perfectionné des ordinateurs.

Si la vie nous paraît quelquefois misérable, rappelons-nous qui nous sommes réellement et disons-nous que nos rêves peuvent se réaliser, aujourd'hui même, si nous le voulons.

Aujourd'hui, je fais confiance à mes capacités de réussite.

L'âme n'a pas de pays. Ses racines sont dans l'éternité.

HERVÉ DESBOIS

Notre apparence est signe de notre identité. La couleur de notre peau, le pays où l'on vit, le métier que l'on exerce, notre langage et notre façon de nous exprimer, tout cela reflète notre appartenance à certains groupes. Mais, par-delà nos différences culturelles, religieuses ou autres, nous avons une même appartenance au monde spirituel. Toute personne un tant soit peu croyante a sa propre vision de l'au-delà. Que cette vision soit claire ou non, elle appartient de toute façon à un autre univers, une autre réalité, réalité non mesurable par les moyens physiques actuellement à notre disposition.

Le temps d'une vie n'est qu'un passage sur cette terre. Et peu importe que nous croyions en un paradis éternel ou que nous pensions revenir dans une prochaine vie, n'oublions jamais où se trouve notre vraie nature.

Aujourd'hui, je suis intègre dans ce que je suis de plus noble et de plus profond.

Celui qui, après avoir été négligent, devient vigilant, illumine la terre comme la lune émergeant des nuées.

BOUDDHA

Il n'y a rien de plus détestable qu'une personne incapable de reconnaître ses torts ou incapable de reconnaître qu'elle s'est trompée. Peu importe le mécanisme qui entre en jeu ici, un tel individu semble s'enfoncer toujours un peu plus, malgré l'évidence ou la logique.

Pourtant, nous avons déjà vécu ce genre de situation, et nous ne sommes peut-être pas à l'abri d'autres situations similaires. C'est agréable d'avoir raison et plutôt désagréable d'avoir tort. Mais il faut se rendre à l'évidence : nous ne sommes pas parfait et l'erreur fait certainement partie de notre vie. Pourtant, l'erreur ultime est de ne pas reconnaître quand on s'est trompé.

La stupidité est une ombre qui cache toute lumière d'intelligence.

Aujourd'hui, je ferai preuve d'une plus grande sagesse en étant vigilant à mes propres erreurs et en les corrigeant.

Les vérités sont des fruits qui ne doivent être cueillis que bien mûrs.

VOLTAIRE

Puisque nous vivons à l'ère de l'information instantanée, nous absorbons chaque jour des sommes considérables de données de toutes sortes. Ces informations nous sont transmises après avoir été triées, analysées et, le plus souvent, interprétées. Nous risquons ainsi de devenir des « récepteurs passifs » aux facultés d'analyse affaiblies. Et il peut en être de même dans nos relations et nos conversations de tous les jours. Nous devons donc être vigilants dans l'interprétation de ce que nous lisons et entendons, car les conclusions et opinions des autres ne sont pas nécessairement les nôtres.

Aujourd'hui, je ne m'emporte pas et je ne tire pas trop de conclusions hâtives. Je garde la tête froide pour avoir les idées claires et me forger mes propres opinions.

Même alité il vient me voir
Par le store de bambou
Papillon d'automne

HAÏKU DE SOSKI NATSUME

Sachez trouver en chaque saison les beautés qui lui sont propres, comme l'abeille prend en chaque fleur ce qui fera le goût du miel.

Certaines personnes vivraient dans un été sans fin. Elles regardent l'automne en grimaçant et se lamentent lorsque l'hiver arrive. La pluie, le froid, tout comme le soleil, peuvent être désagréables et difficiles à supporter, tout comme leur absence. Peut-être entrons-nous trop dans la routine et sommes-nous ainsi moins capables de voir la vie objectivement, comme un paysage que l'on voit chaque jour et que l'on finit par ne plus voir du tout. Jusqu'au jour où quelqu'un arrive et dit : « Quel beau panorama vous avez là ! »

Aujourd'hui, je retrouve le regard de l'enfant qui s'ébahit devant les choses simples de la nature et de la vie.

Ne vous laissez pas emporter par la tempête.
Restez calme.

HERVÉ DESBOIS

Les réactions humaines peuvent être imprévisibles et nul ne sait comment il réagira face à telle ou telle situation tant qu'il ne l'a pas vécue. Tout cela dépend bien sûr du caractère de chacun mais, plus encore, de tout le bagage accumulé dans ce qu'on appelle l'inconscient. Les « fantômes du passé » peuvent être si forts dans certaines occasions que nous ressemblons alors à des marionnettes manipulées par des mains invisibles. L'idéal est bien sûr de se débarrasser de ces « fantômes » de façon à être rationnel en toutes occasions. Cependant, même si nous vivons avec nos fantômes, il nous reste toujours une parcelle de conscience et de rationalité lorsque nous vivons des situations pénibles ou stressantes et, plutôt que de se laisser emporter par la vague de la dramatisation, tâchons d'utiliser cette étincelle de conscience pour nous calmer et nous aider à sortir de la tourmente.

Aujourd'hui, je serai assez fort pour rester calme dans les tempêtes, qu'elles soient intérieures ou extérieures.

Si un mot te brûle la langue, laisse-le faire.

SAGESSE PERSANE

Ah! qu'il est facile d'ouvrir la bouche pour dire des méchancetés, faire des remarques inconsidérées ou plonger l'autre un peu plus dans son tort.

Habituellement, l'enfant ou l'adulte à qui l'on fait la morale est tout à fait conscient de ses erreurs et il n'a pas besoin qu'on l'enfonce un peu plus dans son tort. Il est vrai que pour nous qui l'avons mis en garde, c'est valorisant de démontrer que nous avions raison. Mais est-ce que cela aide vraiment l'autre ?

Il y a un dicton qui dit de tourner sa langue sept fois dans sa bouche avant de parler. C'est peut-être difficile de se taire, car les mots nous brûlent littéralement la langue mais, en agissant ainsi, nous démontrons notre force et nous aidons l'autre à grandir. Et, tôt ou tard, nous en recueillerons le fruit.

Aujourd'hui, j'utilise le langage et les conseils avec bienveillance et discernement.

Rester en colère, c'est comme saisir un charbon ardent avec l'intention de le jeter sur quelqu'un ; c'est vous qui vous brûlez.

BOUDDHA

La colère fait partie des émotions humaines, tout comme le chagrin ou la joie. À moins d'être un grand sage vivant retiré du monde, nous vivons tous un jour ou l'autre des situations qui soulèvent notre colère. La colère peut être tout à fait rationnelle et avoir un effet positif dans des situations bien précises : selon la Bible, même Jésus s'est mis en colère. Le problème, c'est lorsque l'on reste en colère. Quelqu'un qui ne peut s'apaiser et qui reste troublé ne contrôle plus ses émotions.

Si je reste en colère après mon conjoint, mon enfant ou un collègue pendant des heures sans pouvoir me calmer, je risque d'en payer les conséquences assez rapidement.

Une colère est toujours « justifiable », mais peut-elle être vraiment justifiée ?

Être zen implique de savoir dompter ma colère quand il le faut.

Aujourd'hui, j'apprends à mesurer la portée de mes mots et de mes actes car, si la colère peut à l'occasion aider quelqu'un à se remettre sur le droit chemin, elle peut aussi détruire.

Nous entendons bien le vent
Mais sans saisir davantage
Et sans écouter vraiment
Ce que souffle son langage

HERVÉ DESBOIS

L'être humain est d'une espèce singulière. Lorsque l'on regarde l'histoire, on a l'impression qu'elle se répète sans cesse, comme si nous étions incapables d'en tirer les leçons. Et lorsque l'on regarde les temps modernes, il semble bien que cette situation ne semble pas s'améliorer.

Nous vivons dans un monde où il est facile d'être superficiel, et il est tout aussi facile de s'interroger sur des questions sans importance. Cependant, il y a une foule de connaissances à la portée de tous, et c'est à chacun de nous qu'incombe la responsabilité du savoir.

Aujourd'hui, je ne ferme pas les yeux sur la connaissance et je ne laisse pas aux autres la responsabilité de savoir à ma place, car c'est de ma liberté de penser dont il est question.

Ce n'est pas la chair qui est réelle, c'est l'âme.
La chair est cendre, l'âme est flamme.

VICTOR HUGO

Certains « spécialistes » tentent de nous faire croire que tout est affaire de gènes, que toute l'intelligence, toute l'imagination et toute l'émotivité de l'être humain résident dans son cerveau. Mais à qui appartiennent ce cerveau et ces gènes si ce n'est à l'être spirituel qui vit dans une enveloppe de chair, c'est-à-dire moi ?

Notre éducation moderne occidentale est très orientée vers le matérialisme, le monde « réel » et palpable, alors que les philosophies orientales mettent beaucoup l'accent sur l'univers spirituel. En tant que citoyen du monde occidental, il est donc plutôt difficile de reconnaître la supériorité de la spiritualité sur le monde physique.

Je suis un être spirituel, peu importe ce qu'en dit la science, et lorsque mon corps aura fini sa course sur cette terre, qu'il sera prêt à « rendre l'âme », il ne restera que moi.

Aujourd'hui, je prends conscience de ma nature spirituelle.

Le bavardage est l'écume de l'eau, l'action est une goutte d'or.

PROVERBE CHINOIS

Il est plus facile de juger les gens sur ce qu'ils font plutôt que sur ce qu'ils disent. Seule l'action apporte un changement, alors que les mots sont comme le vent qui souffle et s'évanouit.

Toute activité requiert un minimum de préparation, bien sûr, et si plusieurs personnes sont impliquées, elles devront nécessairement se parler pour éventuellement établir un plan d'action. Mais c'est le travail lui-même qui fera sortir le projet de terre et apportera la vie à la pensée. Quelquefois, nous avons peur de nous lancer, de faire le premier pas et nous nous mettons alors à discuter en long et en large des pourquoi et des comment, au lieu de simplement passer à l'action.

Je peux parler longtemps de ce que je ferai et finir par ne rien faire.

Aujourd'hui, je sors mon courage et je me lance dans l'action. C'est la seule façon de réussir, il n'y en a pas d'autre.

Pourquoi l'homme fut-il créé le dernier jour ?
Pour que, si l'orgueil le prend, on puisse lui dire :
dans la création, le moustique t'a précédé.

Le Talmud

J'apprends ma leçon d'humilité chaque fois que la vie me renvoie l'image de mes erreurs. Je sais que je suis ici-bas pour apprendre et travailler de mon mieux afin de m'améliorer constamment.

Pauvre est l'individu qui est incapable de recevoir de telles leçons avec modestie et qui cherche à justifier ses échecs par tous les moyens ; ses fanfaronnades ne trompent personne, pas même lui.

Nul n'est suffisamment sage ni supérieurement intelligent pour ne jamais faire d'erreurs. Scientifiques, hommes de loi, ouvriers, philosophes ou bureaucrates, nous sommes tous des gens bien imparfaits dans un monde bien imparfait.

Je n'essaie pas de toujours paraître fort et au-dessus de tout, car l'orgueil est signe d'un esprit borné, l'humilité sincère est signe de discernement et de bon sens.

Aujourd'hui, j'admets mes erreurs et je m'emploie à les corriger.

Écoutez-la cette terre et la nature qui l'habille.

HERVÉ DESBOIS

L'aube pointe à l'horizon et la nature semble s'éveiller un peu plus chaque jour. La neige couvre encore la terre qui frémit sous les premiers rayons du soleil de printemps. Bien enveloppé dans mes habits de laine, je m'en vais me recueillir loin des bruits de la ville. La rumeur des moteurs cède la place au murmure de l'eau d'un ruisseau qui fait son chemin à travers les glaces qui pleurent au soleil.

La neige sous mes pas ne crisse plus comme au temps des grands froids et je l'entends qui fond dans la terre pour aller rejoindre en secret les profondeurs de sources claires.

Je marche dans cette forêt qui semble abriter des millions d'oiseaux tellement leur chant est fort par moments. La pureté de l'air me nettoie les idées tandis que sa fraîcheur colore mes joues.

Je suis bien, si proche et si loin du monde. Quelques minutes ou quelques heures à écouter la terre et la nature. Il n'y a rien à dire. Écouter, seulement écouter.

Celui dont la pensée ne va pas loin verra les ennuis de près.

Confucius

Notre univers fait partie d'autres univers, peu importe jusqu'à quel point nous nous sentons seul. Nous ne pouvons nous permettre d'être individualiste et de penser que l'histoire des autres ne nous concerne pas. Nous sommes à l'image de notre planète, perdue dans son coin de galaxie, à des années-lumière d'autres planètes, mais dont l'équilibre dépend de l'équilibre de l'univers entier. Si une étoile explose aux confins de notre système, nous en ressentirons tôt ou tard les effets, même minimes.

Quelle que soit la couleur de ma peau, quel que soit le langage de ma religion, ce que mon voisin fait ou ne fait pas fait partie de mon histoire. Et, quoi que je fasse moi-même, c'est une ligne de plus écrite dans l'histoire de cette terre.

Aujourd'hui, quand je penserai à moi, je penserai aussi aux autres.

Le sage ne dit pas ce qu'il sait, le sot ne sait pas ce qu'il dit.

SAGESSE TURQUE

Partager son savoir est une chose, l'imposer en est une autre.

Je me rappelle la petite école, lorsque le maître posait une question à un élève en particulier : des dizaines de mains se levaient et des voix chuchotaient ici et là la réponse.

En tant qu'adulte, peut-être avons-nous encore tendance à vouloir souffler les réponses à l'enfant qui fait ses devoirs, à l'ami qui se pose des questions et à tous ceux qui, en général, cherchent des explications aux mystères de la vie.

Je ne cherche pas non plus les réponses faciles et déjà toutes faites. Et, si moi-même je « sais », je serai assez sage pour laisser les autres faire leurs propres découvertes et réalisations.

Les vraies réponses sont en nous, ne laissons personne nous les souffler.

Aujourd'hui, je ne gaspille pas le silence de la réflexion, car il cache les trésors du savoir et de la liberté.

Chant de l'oiseau
S'envole haut
Appel sans mots

Hervé Desbois

Un sourire, un regard ou un haussement d'épaules parlent parfois plus que n'importe quelle phrase. Nos gestes quotidiens révèlent, souvent à notre insu, les sentiments qui nous habitent. Et lorsque nous nourrissons de sombres pensées et que, consciemment, nous le démontrons à notre entourage par notre attitude, nous ne faisons que répandre mauvaise humeur et sentiments négatifs.

Même si de telles manifestations ne sont pas nécessairement évidentes, les gens autour de nous sont capables de percevoir le malaise, et nous les rendrons peut-être malheureux ou plus ou moins mal dans leur peau.

L'amour et l'enthousiasme sont contagieux. Soyons donc des artisans de paix dans notre langage, nos façons d'être et de faire, et jusque dans notre façon de regarder les autres.

Aujourd'hui plus que jamais, le monde a besoin de paix, de notre paix, de ma paix.

Quand on court après l'esprit, on attrape la sottise.

MONTESQUIEU

La sagesse et l'intelligence ne s'obtiennent pas sans travail. Tout comme le jardinier se lève de bonne heure pour s'occuper de son coin de terre, nous devons cultiver notre savoir et sans cesse chercher à élargir nos horizons.

Si quelque chose nous échappe sur un sujet, fouillons les sources d'information à notre disposition et trouvons les réponses. Si nous ne savons pas, cherchons à savoir ; si nous ne connaissons pas, cherchons à connaître. Il n'y a rien de plus désolant que d'entendre quelqu'un s'exprimer sur un sujet sans le connaître ; cette personne cherche à se rendre intéressante mais ne fait que démontrer son ignorance et sa pauvreté intellectuelle.

« La culture, ça se cultive », et ce que nous savons est ce que nous donnerons en héritage aux générations futures.

Aujourd'hui, je serai le jardinier de mon savoir.

Dire la moitié de la vérité, c'est donner naissance à un nouveau mensonge.

PROVERBE CHINOIS

« Faute avouée est à moitié pardonnée », mais la faute à moitié avouée ne peut être vraiment pardonnée, pas même au quart ni au centième. Il n'y a rien de mathématique là-dedans ; c'est tout simplement un phénomène que nous pouvons nous-même expérimenter lorsque cela nous arrive. C'est un peu comme mal nettoyer son linge ou sa maison. Même si ce n'est pas évident, au fond, nous le savons, et nous ne nous sentons pas bien avec cela. Et les gens autour de nous, s'ils sont le moindrement à l'écoute, peuvent se rendre compte qu'il y a quelque chose qui cloche.

Nos actions ou omissions nuisibles « collent à notre conscience », que nous y croyions ou non, et nous ne pourrons vivre sereinement qu'en les éliminant. Et la seule façon est de les avouer, entièrement et honnêtement, peu importe combien cela est difficile.

Aujourd'hui, je m'efforce d'avoir la conscience claire et sereine. Tout en moi sera plus beau ; le monde sera plus beau.

Le beau, c'est la splendeur du vrai.

PLATON

Être soi-même, au naturel, sans chercher à imiter un autre, ni « être » quelqu'un d'autre, c'est encore le plus sûr moyen d'atteindre la vérité.

Quelquefois, consciemment ou non, nous cherchons à ressembler à une autre personne que nous admirons, ou nous pouvons aussi être porté à imiter notre mère ou notre père, un grand frère ou une grande sœur. Il n'y a pourtant rien d'édifiant lorsque l'on voit certaines personnes adopter une attitude ou un genre qui ne sont pas le leur. Ces gens-là « sonnent faux » et, s'ils ne s'en rendent pas compte, cela n'échappe pas aux autres.

La nature nous a donné certaines caractéristiques physiques, notre culture et notre éducation ont forgé notre caractère, et si nous ne nous aimons pas tel que nous sommes, efforçons-nous de nous changer vraiment nous-même plutôt que d'essayer d'être quelqu'un d'autre.

Aujourd'hui, je m'attache à ce que je suis et j'améliore ce que je n'aime pas en moi, car c'est ma « beauté » qui en dépend.

Dans le tumulte de la vie, réservez-vous des îlots de calme.

HERVÉ DESBOIS

Certaines personnes se croient au-dessus du besoin de décrocher, trop fortes pour avoir besoin d'arrêter un peu la machine. Jusqu'au moment où la pression devient trop forte et alors elles craquent.

Inutile de pêcher par orgueil ou de vouloir impressionner les autres ; quand le corps est fatigué, on le fait reposer ; quand l'esprit est fatigué, on le met aussi au repos. Il n'y a aucune médaille de bravoure accordée à qui ne prend jamais de vacances, à qui ne s'évade jamais le temps d'un week-end.

La vie « extérieure » bat à un rythme trépidant, comme un train roulant à pleine vapeur, et elle nous entraîne dans ce rythme effréné sans que l'on s'en rende réellement compte.

La vie peut nous étourdir et nous faire oublier les autres paysages de notre quotidien.

Laissons-la rouler sans nous de temps en temps, le monde n'arrêtera pas de tourner pour autant.

Comme l'eau qui ne peut refléter clairement le ciel et les arbres qu'à la condition que sa surface soit tranquille, l'esprit ne peut seulement refléter l'être que lorsqu'il est dans un état de tranquillité et de détente.

INDRA DEVI

J'aime les autres pour ce qu'ils sont vraiment, lorsque les façades tombent et que le vernis social disparaît. Prenez n'importe quel individu affichant un air supérieur ou arrogant, grattez un peu cette couche de prétention et de suffisance, et vous trouverez probablement un être fragile et blessé.

Lorsque la colère ou la haine déforment les visages et salissent les regards, nous ne voyons plus la beauté de l'âme qui se terre au fond de l'enveloppe de chair. Même le pire des criminels abrite une âme qui a déjà été bonne, une âme qui souffre certainement plus que les autres, malgré les apparences.

Il y a des tempêtes qui nous empêchent de voir l'eau calme et sereine au fond de chacun de nous.

Aujourd'hui, je calme et j'apaise les vents de tourmente afin de voir la beauté des autres.

*L'éveil, j'apprends de nouveau la danse du cerisier
en fleurs, le travail sans fin du miroir, la sensation
de la lumière du soleil.*

POÉSIE HAÏKU

Parfois, les mauvaises nouvelles nous font sombrer dans une sorte d'apathie où nous ne voyons plus les beautés du monde autour de nous, ni la force qui se cache en nous. Tout semble devenir terne et sans espoir, comme si la dernière étincelle de vie nous avait quitté.

C'est dans ces moments-là qu'il est le plus difficile de voir quoi que ce soit de positif dans notre entourage. Pourtant, nous avons en nous cette aptitude à changer, cette capacité de décider de notre humeur et de nos émotions, à l'image de l'enfant qui s'éveille par une belle journée d'été et qui regarde par la fenêtre en souriant. La vie lui appartient et ses yeux pétillent de la joie de créer sa journée.

Ainsi, quand la vie me paraît sombre et sans joie, je sors à la recherche de la beauté, j'ouvre les yeux sur le monde et je ne tarderai pas à trouver quelque chose pour me faire sourire de nouveau.

Aujourd'hui, je suis l'enfant qui s'éveille par une belle journée d'été.

Vos moments de tranquillité devraient être pareils à des îles désertes : vous seul devriez en arpenter les rivages.

HERVÉ DESBOIS

Vivre en ermite n'est pas vraiment chose naturelle. Personne ne peut dire qu'il vit en dehors du monde pour la simple et bonne raison que nous vivons tous sur une seule et même planète, peu importe les frontières qui en écorchent le paysage.

Pourtant, que l'on soit seul ou en famille, employé ou chef d'entreprise, nos moments de tranquillité nous appartiennent et nous devons insister sur le fait de pouvoir en profiter pleinement. Se retirer, prendre congé et partir quelques jours est une liberté que l'on devrait pouvoir se permettre quand le besoin s'en fait sentir. Cela ne signifie pas que nous n'aimons plus nos enfants, notre conjoint, notre travail ou nos amis. C'est au contraire une belle preuve d'amour que de permettre à l'autre de s'évader quelque temps pendant que nous « tenons le fort » en son absence.

Nous vivons en société mais nous avons droit à notre individualité. Nous avons le droit au ressourcement, le droit de nous retrouver avec nous-même sans que cela ne soit perçu comme une trahison.

Aujourd'hui, je me permets d'arpenter mon île déserte avec tranquillité et sans culpabilité.

La foi est l'oiseau qui se balance avant que ne luise l'aurore.

RABINDRANATH TAGORE

Si je ne crois pas en moi, personne ne le pourra. C'est vrai qu'il est difficile de voir la lumière quand la nuit est d'encre, quand notre vie ne va pas bien. Si notre entourage peut nous être d'une certaine aide, il n'en reste pas moins que nous sommes les artisans de notre propre rétablissement. Notre éducation et notre passé ont imprimé en chacun de nous des façons de voir la vie et de réagir aux événements, et heureux sont celles et ceux dont les parents n'étaient pas avares d'encouragements. Mais la foi habite chacun de nous, peu importe notre enfance et nos échecs. Peut-être est-elle plus loin ou plus faible chez certains, mais elle est toujours là, prête à briller avant que le jour se lève, prête à faire elle-même briller le jour.

Aujourd'hui, je ne perds pas la foi, surtout pas en moi.

C'est toujours plus facile pour quelqu'un de résoudre le problème d'un autre.

PROVERBE CHINOIS

Conseils et encouragements peuvent réchauffer le cœur meurtri par l'échec ou le malheur. Amis et parents sont là pour aider et supporter dans les moments de doute et de déprime. Mais il faut savoir se montrer adroit dans notre façon d'aborder son enfant, un conjoint, un ami ou un collègue lorsque vient le temps de l'aider. Bien souvent, et sans mauvaise intention de notre part, nous cherchons à évaluer le problème de l'autre, à lui dire ce qu'il devrait faire ou penser, et même à lui dire ce qu'est son problème, parce que nous pensons le savoir. Hélas, il n'y a pas pire façon d'aider quelqu'un, car nous ne sommes pas vraiment à son écoute. En fait, la personne en détresse sait au fond d'elle-même ce qui ne va pas, même si elle ne l'a pas encore découvert.

Aujourd'hui, j'aide les autres à faire face à leurs problèmes et à leurs difficultés, mais sans leur souffler ma solution. Je les aide à trouver la leur.

Un homme sage ne se perd jamais de vue s'il se connaît.

MONTAIGNE

Quels que soient les événements qui nous touchent ou bouleversent notre vie, l'essence même de ce que nous sommes ne change pas en soi. Nous pouvons être affectés par différents incidents, ressentir chagrin, ressentiment ou colère, ce que nous appelons l'âme ou l'esprit conserve sa nature profonde, peu importe les changements observés dans notre condition physique. Nous avons tendance à ne voir que la vie immédiate dans ce qui nous arrive, oubliant que nous sommes avant tout des êtres spirituellement immortels.

À moins d'être matérialistes au point de ne pas croire à l'âme et au monde de l'esprit, nous avons tous une idée plus ou moins claire de ce que sera notre vie après la mort de notre corps. De nombreuses religions orientales et quelques religions occidentales avancent l'idée que l'esprit revivra dans un autre corps dans une prochaine vie, alors que d'autres espèrent un au-delà où les âmes trouveront éventuellement la paix. Ces croyances apportent toutes la même idée d'une éternité à venir.

Aujourd'hui, et quoi qu'il m'arrive, je ne perds pas de vue qui je suis réellement, ni toute l'éternité qui m'attend.

Sérénité n'est pas apathie.

Hervé Desbois

Ne vous y trompez pas lorsqu'un ami vient à vous et vous dit que plus rien ne l'affecte, et qu'il ne ressent plus ni tristesse, ni allégresse. Il vous dira peut-être qu'il a trouvé la paix et la sérénité. J'ai bien peur qu'il n'ait sombré dans l'apathie, un état où l'on ne vit plus aucune émotion. Cet ami a besoin de votre aide, il a besoin de retrouver l'aptitude à pleurer, à se mettre en colère et à rire. Il a besoin de croire de nouveau en lui et en la vie, sinon il finira par mourir, spirituellement et physiquement.

La sérénité est un état de bien-être intégral, un état de légèreté et d'amour total où la vie brille de tous ses feux.

Aujourd'hui, je me mets vraiment à l'écoute de ceux qui m'entourent.

Apprenez à reconnaître quand parler et quand vous taire.

DAVID BAIRD

Si le silence est d'or, il peut être aussi de glace. Et si la parole peut être un baume sur les plaies de l'âme, elle peut être aussi pire que de l'acide. Quoi dire et quand le dire ? Quoi taire et quand le taire ? Il n'est pas question de mensonge ici, ni de cachotterie. Appelons cela diplomatie, prévenance ou délicatesse ou, tout simplement, intelligence et savoir-vivre.

Combien de fois avons-nous regretté nos paroles au moment même où nous les prononcions ? Comme on peut être faible et dire des lâchetés, on peut aussi être lâche et se taire. À l'inverse, il faut parfois être fort pour parler et être tout aussi fort pour savoir se taire.

Aujourd'hui, j'apprends la gymnastique de la langue et de l'esprit. Le sage ne parle ni ne se tait inutilement.

Vous trouverez une étoile pour éclairer votre chemin.

UN COURS DE MIRACLES

La foi, encore et toujours la foi. Croire, et croire encore, malgré les embûches, malgré les obstacles, malgré les pertes et les échecs, malgré tout. La vie sur terre n'a rien d'une sinécure, malgré toutes les promesses de bonheur et de bien-être faciles véhiculées par les messages publicitaires. Que l'on ne s'y trompe pas, la vie peut être douce et belle à vivre, il n'en reste pas moins que le bonheur est un combat de tous les jours, un combat que l'on peut mener avec confiance, le sourire aux lèvres et dans les yeux, mais c'est un combat quand même. Et celui qui croit que le jour se lèvera malgré une nuit qui n'en finit plus, finira toujours par trouver une lueur qui le mènera hors des ténèbres.

Malgré la noirceur qui peut m'habiter, je ne perds jamais espoir, et surtout pas en moi.

Aujourd'hui, j'ai confiance.

Nous avons beau être fiers de ce que nous sommes en tant que « présent du passé », n'oublions pas que nous sommes aussi l'antiquité des siècles à venir.

HERVÉ DESBOIS

Avez-vous remarqué combien nous pouvons être arrogants en tant que « sociétés civilisées » ? Nous regardons parfois les gens du passé ou les nations du présent techniquement moins évoluées avec un air condescendant, voire même de dégoût. C'est une chose que d'être fiers de nos réalisations et de ce que nous pouvons accomplir grâce aux progrès de la science, c'en est une autre de rabaisser ceux qui ne sont pas à notre niveau. Nous pourrions être un jour la fourmi que nous écrasons aujourd'hui. Et si vous en doutez, sortez par une belle nuit étoilée et observez longuement la voûte céleste. Peut-être finirez-vous par sentir que nos civilisations sont bien peu de choses dans cet immense univers.

Chaque victoire individuelle ou collective sur la mort et la stupidité est une grande victoire pour tous, et nous pouvons en être fiers; mais ne rabaissons jamais ceux qui ont bâti les fondations de notre démocratie, ni ceux qui tentent de se sortir du bourbier dans lequel ils vivent aujourd'hui.

Aujourd'hui, je m'efforce de respecter les autres pour ce qu'ils sont.

Il y a en moi un lieu où je vis toute seule. C'est là que se renouvellent les sources qui ne se tarissent jamais.

PEARL BUCK

On dit que le corps est la maison de l'âme. L'âme est une source universelle d'amour, de créativité, de beauté, une source d'énergie infinie dans laquelle chacun de nous peut puiser les ressources nécessaires à l'accomplissement de sa propre vie. C'est de là que naît toute impulsion créatrice, car tout ce qui est beau vient de l'âme. Certaines personnes ont des expressions particulières pour désigner ce contact privilégié avec elle-même lorsqu'elles ont besoin de reprendre des forces : se ressourcer, se recentrer, se retrouver, etc.

Il est bon de pouvoir se retrouver seul de temps à autre, seul avec soi-même, pour faire le point, reprendre son souffle, cicatriser ses plaies.

Mon corps est ma maison et les sources de la vie y sont intarissables.

Aujourd'hui, je prends conscience qu'au fond de moi se trouve ma retraite, et c'est là que je m'accorde des moments privilégiés de calme et de repos.

Même la plus haute tour a commencé à partir du sol.

Sagesse chinoise

Quelquefois, j'entends des gens se plaindre de leur condition et envier la richesse ou le bien-être d'un autre. Ou d'autres encore qui ne s'engagent pas dans un projet car ils considèrent la tâche trop grande et ils se découragent rapidement. Mais tout empire a commencé par une seule pierre et si, jour après jour, j'apporte un élément de plus à mon édifice, il sera bientôt peut-être plus grand que ce que j'avais jamais imaginé.

Les baguettes et formules magiques appartiennent au monde fantastique des contes pour enfants. Il est permis de rêver et même d'avoir de grands rêves mais, tôt ou tard, il faudra relever ses manches et se mettre au travail.

Aujourd'hui, je me permets de voir grand, même si je dois commencer petit, et il n'y a rien de mal à cela.

La paix ! Sa recherche et sa rencontre sont dans la marche incessante vers la sagesse et le silence. C'est une des plus grandes richesses que puisse posséder un être humain.

REINE MALOUIN

Tout comme les richesses instantanées sont chose rare, la paix instantanée est un bien tout aussi rare. Peu d'individus, s'il en est, peuvent dire qu'ils ont atteint une vraie sérénité du jour au lendemain. Personnellement, je ne connais que des gens qui ont travaillé sans relâche pour atteindre un état de bien-être au-dessus de la moyenne, et ils y travaillent encore, jour après jour, car la liberté spirituelle est une quête constante sur une route pavée d'embûches et de fausses pistes. Vous pourrez avoir un bon métier, une belle famille et tout ce que la vie matérielle peut apporter, si vous ne connaissez pas la paix intérieure, vous ne connaîtrez ni bonheur ni sérénité. Vous aurez « tout », mais il vous manquera toujours le principal, car l'âme est un royaume où les richesses et l'argent ne valent rien.

Aujourd'hui, quels que soient mes objectifs financiers, professionnels ou mes réussites matérielles, je n'oublie pas ma quête intérieure. Malgré les apparences, c'est la seule quête réelle.

Nature en fête
Chaque jour se prête
Pour l'âme en paix

HERVÉ DESBOIS

L'été se rit des larmes de l'automne, mais l'automne s'en moque et tourne le dos, fier de ses richesses rouge et or. L'hiver s'incline le temps venu et se fond dans le printemps de la terre, mais il emporte en souvenir les joues rouges et les rires des enfants se roulant dans son grand manteau blanc, les soirées tranquilles au coin du feu et l'odeur des fêtes de Noël.

Chaque saison a sa place, et j'ai une place dans chaque saison. Peu importe la couleur du ciel ou de la terre, il y a toujours un endroit où je peux être bien et goûter le calme en paix.

Un jour après l'autre, j'apprends à aimer les saisons, puisque nous sommes faits pour vivre ensemble.

Si vos tracas vous aveuglent, vous ne pouvez pas voir la beauté du coucher de soleil.

KRISHNAMURTI

Tant qu'un problème n'est pas résolu, il semble nous submerger, parfois même au point de nous empêcher de trouver les solutions et, voire même, de nous rendre malades. Dans le meilleur des cas, il nous empêchera de voir les choses positives autour de nous. Mais que faire pour en sortir ? Il suffit quelquefois de simplement penser à autre chose ou de sortir pour se changer les idées pour, ensuite, voir le problème sous un nouveau jour. Cependant, il nous faudra peut-être en parler à une amie, un parent ou quelqu'un en qui nous avons pleine confiance et qui est capable de nous écouter sans juger ni penser à notre place. Et puis, si nous nous comparons à d'autres, peut-être trouverons-nous alors que notre problème n'est pas si gros que cela.

Aujourd'hui, je ne laisse pas les problèmes miner mon moral et ma vie. Je leur fais face, et je trouverai le soleil plus brillant dans un ciel plus bleu.

L'âme est le seul oiseau qui soutienne sa cage.

VICTOR HUGO

Quelquefois, notre corps semble si léger que l'on a la sensation de ne plus en avoir, comme si nous flottions. Tout est dans l'état d'esprit; ce qui prouve une fois de plus que l'être spirituel est au-dessus de la matière, qu'il est capable, dans une certaine mesure, de dominer et d'assujettir les contraintes de l'univers physique. Par contre, quand c'est l'inverse qui se produit, notre corps peut être lourd à traîner, et nous avons l'impression que tout est compliqué et difficile à mouvoir.

Notre corps est notre prison, et il peut effectivement être un boulet que l'on traîne comme un condamné aux travaux forcés. Mais nous pouvons en décider autrement et, même si ce n'est pas facile, faire en sorte que l'âme soutienne sa cage avec grâce et légèreté, à l'image de ces danseurs et danseuses qui évoluent avec souplesse et aisance, le sourire aux lèvres et qui, pourtant, travaillent intensément.

Aujourd'hui, je suis maître de ma vie et, qu'importe ma prison, c'est moi qui en ai les clefs.

Ouvrez vos yeux fatigués sur ces innombrables beautés : paysages endormis sous l'hiver, arbres qui frissonnent en déployant leurs nouvelles feuilles... La nature a tant à nous donner, pour notre seul plaisir.

HERVÉ DESBOIS

Il me semble que, lorsque je suis fatigué, je n'ai d'autre envie que de m'asseoir ou de m'étendre sur mon divan et de ne rien faire, pas même lire un livre.

Certaines fatigues peuvent cependant être mentales : notre journée ne s'est pas bien passée, ou nous avons échoué dans quelque tâche à accomplir, ou toute autre atteinte à notre moral.

Que la fatigue soit mentale ou physique, notre réflexe habituel est d'aller nous coucher ou nous avachir. Pourtant, il arrive bien souvent que nous ne trouvions pas le sommeil, épuisé ou pas, et l'idéal serait de se changer les idées. Alors pourquoi ne pas prendre l'habitude d'aller faire un tour à la fin de notre journée de travail, ou après le repas du soir, ou tout juste avant d'aller au lit ? Et s'il y a un parc ou un coin de nature non loin de chez nous, eh bien profitons-en ! Nous n'en serons que plus calmes et plus reposés.

Que ce soit pour goûter la douceur d'une belle soirée de printemps ou d'été, l'air vif de l'hiver ou les bonnes odeurs de l'automne, aujourd'hui j'irai marcher et respirer dehors.

Le principe de croissance le plus puissant réside dans le choix humain.

GEORGE ELIOT

Toutes nos décisions devraient inclure ceux qui nous entourent. Que l'on soit célibataire, mère de famille ou bien grand-parent, nous sommes un maillon de la société dans laquelle nous vivons. Comme on ne peut empoisonner les rivières sans en subir soi-même les conséquences un jour ou l'autre, on ne peut écarter les autres de nos choix de vie.

Tout choix que je fais doit être un choix humain, un choix orienté vers une plus grande harmonie et un plus grand bien-être pour le plus de gens possible, car tout ce que je fais ou que je m'abstiens de faire me reviendra un jour, en bien ou en mal, selon mes choix. C'est la mesure de ma croissance actuelle et future, la mesure de mon bonheur.

Aujourd'hui, les décisions que je prendrai et les choix que je ferai seront empreints d'humanité.

Mieux vaut bien apprendre une chose que d'en connaître dix superficiellement.

SAGESSE CHINOISE

Agissez toujours comme si quelqu'un vous regardait, et soyez un modèle dans votre domaine d'activité.

Si vous êtes parent, vos enfants écoutent et regardent ce que vous dites et faites.

Si vous êtes patron, vous représentez un repère pour vos employés.

Si vous vous considérez comme un pion sans importance au sein d'une entreprise, dites-vous qu'il y a toujours quelqu'un pour qui vous êtes un modèle, que vous en ayez conscience ou non.

Et si vous êtes la dernière personne à avoir été embauchée, vous pouvez tout de même représenter un modèle pour ceux qui sont là depuis longtemps et qui ont peut-être oublié le zèle de leurs débuts.

Cette question d'exemple est particulièrement importante chez les « nouveaux », les jeunes et les enfants, car ils vont perpétuer ce que nous leur montrons.

Aujourd'hui, j'apprends à bien faire ce que je dois faire, car je ne sais jamais à qui je sers de modèle.

Si vous prenez une fleur dans votre main et la regardez vraiment, cette fleur devient votre monde pour un moment.

GEORGIA O'KEEFFE

Comme la nature croît en harmonie selon un ordre bien établi, tâchons nous-même de grandir en harmonie avec les autres, animé seulement par l'intelligence et la conscience dont l'être humain peut être capable. Si nous accordons de l'importance à nos propres besoins, nous devons faire de même avec les besoins de ceux qui nous entourent. Lorsque l'enfant vient nous voir pour demander conseil ou se confier, il devient alors partie intégrante de notre univers, qui prend soudain une autre dimension.

Ce sont tous nos univers individuels qui tissent le canevas des sociétés et de l'humanité tout entière. C'est chacun d'entre nous qui donne de la couleur à cette grande toile.

Aujourd'hui, j'enrichis mon univers en le mêlant à tous les univers qui m'entourent.

*Si tu veux apprendre, apprends d'abord à te taire
et à observer.*

HERVÉ DESBOIS

Que me sert d'apprendre si je pense déjà tout
savoir ? Et que serai-je capable d'apprendre si je
crois déjà tout connaître ? L'apprentissage commence par l'humilité d'admettre que l'on a toujours quelque chose de nouveau à découvrir.
L'apprentissage, c'est d'abord se taire et écouter,
observer puis comprendre. C'est d'ailleurs la
meilleure façon de bien s'intégrer dans un nouveau groupe, une nouvelle activité ou un nouvel
emploi. En agissant de la sorte, nous démontrons
notre intérêt et notre respect envers ceux qui nous
accueillent ou nous enseignent.

Aujourd'hui, je considère la chance que j'ai
de pouvoir apprendre et de m'élever au-dessus de
l'ignorance. En respectant l'éducation, je
respecte les siècles d'études et d'expérience qui
se cachent dans les livres du savoir.

Aujourd'hui, j'ai conscience que le savoir est
une porte vers la liberté.

Vous connaîtrez la vérité et la vérité fera de vous des hommes libres.

JEAN, 8 : 32

Les penseurs et les philosophes de tout temps ont élevé la vérité au rang de principe suprême. La vérité est transparence. Elle est comme une eau pure qui vient nettoyer les saletés du mensonge et de la calomnie. La vérité soulage et libère. Elle est une lumière qui éclaire l'esprit et fait de ceux qui la portent en eux des êtres rayonnants de bonheur et de sérénité.

Nul ne peut vivre vraiment heureux sans vivre avec la vérité. J'apprends donc à vivre avec elle, peu importe les contraintes et les sacrifices qu'elle impose parfois, car la vérité touche à ce que je suis de plus fondamental, elle rejoint ma nature profonde et spirituelle.

Aujourd'hui, je vois la vérité comme un miroir dans lequel l'âme peut se reconnaître et retrouver ses vraies racines.

Nous sommes ici pour dépasser nos premières limites, quelles qu'elles soient. Nous sommes ici pour reconnaître notre caractère magnifique et divin, peu importe ce qu'il nous dit.

LOUISE HAY

Anciennement, les gens devaient se battre et lutter pour leur survie. Que l'ennemi vienne d'un autre pays ou des fléaux de la nature, la vie était un combat de tous les jours.

Même si la vie peut encore paraître comme un combat sous certains aspects, la facilité matérielle que nous ont apportée les temps modernes dans nos sociétés civilisées peut nous inciter à la paresse et à l'inertie : se contenter de ce que l'on a, de ce que l'on est. Il est facile de se laisser aller dans le raz-de-marée du matérialisme, et finir par ne plus voir le bonheur que dans l'acquisition et la possession de biens matériels, au point d'en oublier les valeurs plus fondamentales, les valeurs intangibles qui ne connaissent ni la décrépitude ni le poids des années.

Que je sois entouré de richesses ou du strict nécessaire, je n'oublie jamais de travailler sur moi-même, sur mon caractère spirituel et divin, car c'est tout ce qu'il restera de moi à la fin de mon voyage sur cette terre.

Chaque victoire sur vous-même est une victoire pour l'humanité.

HERVÉ DESBOIS

Qu'arriverait-il à la rivière si toutes les gouttes qui la composent « décidaient » de lutter les unes contre les autres ou « décidaient » de sortir du lit ? Les hommes, comme les rivières, ont bien des obstacles à franchir pour continuer d'exister en tant qu'humanité. Ainsi sommes-nous des milliards d'individus à partager une seule et même planète, une planète fragile, aux ressources limitées, une planète que pourtant l'homme continue d'hypothéquer à coups de guerre, de gaspillage et de pollution.

Aujourd'hui, je sais que l'espoir réside dans la bonne volonté des gens de changer le cours des événements. L'espoir existe en moi et en chacun des individus qui peuplent cette terre. Ainsi, chaque jour je m'efforce de remporter des victoires sur moi-même, et c'est l'humanité tout entière qui y gagne.

La vérité ne craint pas les questions.

DAVID BAIRD

N'importe qui peut se rappeler avoir été pris en défaut étant enfant, ou même plus vieux. C'est une expérience que l'on veut certainement oublier et éviter de revivre. Lorsque cela se produit dans notre vie, nous voudrions être partout sauf là où nous sommes, ou encore, nous voudrions pouvoir refaire le passé afin de ne pas commettre le geste qui nous a mis dans l'embarras. Il suffit même parfois de repenser à un tel événement du passé pour se corriger immédiatement dans le présent. Si certains facteurs viennent aveugler notre jugement et notre sens des responsabilités, nous avons un sens inné du bien et du mal, et nous savons fort bien au plus profond de nous quand nous agissons correctement ou non.

Aujourd'hui, je cherche à vivre dans la lumière de la vérité, car la vérité éclaire tout, surtout le mensonge.

Ceux qui cherchent l'harmonie savent comment la trouver.

PROVERBE CHINOIS

Quoi que l'on cherche, on finit toujours par le trouver si on le veut vraiment. Ce principe semble tellement évident que l'on finit par l'oublier. Ainsi, qui cherche la discorde trouvera la discorde sur son chemin, et qui cherche l'amour et l'harmonie attirera dans sa vie amour et harmonie.

Il n'est peut-être pas facile de vivre sereinement et en constante harmonie avec les gens et notre environnement, mais il est toujours possible d'y mettre de la bonne volonté et de sans cesse chercher à nous améliorer. Notre esprit peut être troublé, ou nous pouvons nous sentir plus ou moins bien dans notre peau ; cependant, en suivant certaines règles fondamentales basées sur le respect de soi et d'autrui, nous serons plus en mesure de maintenir à distance nos émotions et nos comportements non désirés.

Aujourd'hui, je tends vers plus d'harmonie et plus d'amour, car je sais que demain j'en serai récompensé.

Le visage humain fut toujours mon grand paysage.

COLETTE

Notre visage est un grand livre ouvert sur notre vie pour qui sait en déchiffrer le langage. Tout comme le regard n'a pas besoin de mots, le visage humain trahit ce qui nous habite, notre présent, notre passé. Il nous faut bien sûr prendre le temps d'observer, sans idées préconçues ni préjugés. Que racontent cette cicatrice et ces rides, ce regard fuyant et ce sourire qui n'en est pas un, ce front plissé ou encore cette étincelle au fond des yeux ?

En prenant vraiment le temps d'observer mes proches et les gens autour de moi, je serai capable d'aller au-delà de la première impression et de découvrir la tendresse derrière un visage apparemment dur, ou une grande fragilité bien cachée sous des traits affirmés.

Aujourd'hui, je m'attache aussi à « soigner mon intérieur », car je ne peux cacher ce que mes yeux et mon visage disent au monde entier.

Fleurs du cerisier
Blanches virginités
Parfum de liberté

HERVÉ DESBOIS

Avez-vous déjà remarqué cette première sensation printanière alors que vous sortez par un beau petit matin d'avril ? C'est comme une nouvelle douceur dans l'air, une délicate odeur de terre qui se réveille doucement, comme si la brise nouvelle venait chuchoter à notre oreille que l'hiver s'endort, que bientôt la neige ne sera plus qu'un souvenir et que les fleurs reviendront habiller nos parterres. Et puis le soleil n'a plus cette froideur hivernale, et les oiseaux sont soudain plus jaseurs. Ce sont les prémices du printemps, saison de tous les rêves, saison de tous les projets que l'on veut faire naître.

Si l'arrivée prochaine du printemps est l'annonce d'un nouveau départ pour la nature, profitons-en pour faire le point dans notre vie et dans nos projets. Faisons le ménage dans nos vieux rêves et décidons ceux qui valent encore la peine que nous nous en occupions, puis commençons à faire nos plans.

Aujourd'hui, je me laisse gagner par la fièvre du printemps et je fais le point.

Prendre son mal en patience rapporte souvent plus qu'on le pense.

ÉRIC BOUTIN

S'il est vrai qu'il est préférable de ne pas laisser traîner les choses en longueur, il faut avouer que, quelquefois, nous devons faire confiance au temps. Certes il y a des décisions qui doivent se prendre rapidement et des actions qui ne peuvent tarder, mais nous devons faire preuve de sagesse et reconnaître quand prendre notre mal en patience. Le levain a besoin de temps pour faire lever la pâte et le bourgeon n'éclora pas tant que le soleil n'aura pas sorti la douceur de ses rayons suffisamment longtemps. Nous avons parfois tendance à forcer les événements et à précipiter nos décisions. Nous ressemblons alors à ces enfants pétillants de vie qui voudraient avoir tout et tout de suite.

Aujourd'hui, je peux être comme l'enfant curieux et impatient au fond de moi-même, mais je prends le temps qu'il faut pour faire naître mes rêves.

Le pauvre cherche la richesse et le riche le ciel,
mais le sage cherche l'état de tranquillité.

SWAMI RAMA

Avoir de l'argent ou ne pas en avoir ? Ce n'est un secret pour personne que l'argent ne pourra jamais se substituer au bonheur. L'argent n'est qu'un moyen de nous procurer ce dont nous avons besoin pour vivre, ou ce dont nous avons envie, si nous sommes assez fortunés. À quoi sert d'avoir des millions en banque si l'on est atteint d'une maladie incurable ? Le millionnaire donnerait probablement sa fortune en échange d'une santé recouvrée ou d'un vrai bonheur.

Il y a toujours moyen de se procurer honnêtement de l'argent, mais pouvons-nous en dire autant de la santé du corps et, plus encore, de la santé de l'esprit ? Ce monde matériel dans lequel nous sommes plongé nous masque facilement les vraies valeurs et la vraie vie. Sans rien négliger de notre bien-être physique et de celui de nos proches, nous devons trouver les moyens de grandir spirituellement pour atteindre la sérénité. Et ceci procède d'une démarche et d'un travail individuel.

Aujourd'hui, je reconnais que la voie vers la sérénité existe, et que c'est à moi de la trouver et de la suivre.

La nature est puissante, mais elle prend le temps qu'il faut.

HERVÉ DESBOIS

Pourquoi ressembler à des mouches affolées par l'orage quand nous travaillons à une tâche urgente ? Efficacité et rapidité ne signifient pas désordre et affolement. Cela ne fait qu'ajouter de la confusion là où diligence et résultats sont demandés. Bien des gens paniquent devant une tâche urgente. Pourtant, dans de tels moments, il n'y a rien de plus efficace que le calme et la concentration. C'est vrai qu'il y a des caractères plus bouillants que d'autres, comme il existe des personnes nerveuses ou angoissées. Cependant, si je me rends compte que je cède à la panique, il est possible de faire un effort pour me calmer, ne serait-ce qu'un peu : arrêter de bouger, respirer profondément, reprendre vraiment conscience de mon environnement, tout cela dans le but de me recentrer plutôt que de m'éparpiller. Je pourrai ensuite profiter du calme retrouvé pour réfléchir un instant et m'organiser en fonction de la tâche à accomplir.

Aujourd'hui, je serai le vent qui repousse les nuages, non le vent qui apporte la tempête.

Les grands sont ce qu'ils veulent, les petits sont ce qu'ils peuvent.

VICTOR HUGO

La petitesse se mesure à l'étroitesse de l'esprit, car si je pense petit, je serai petit. De même, l'individu incapable de voir loin se rendra compte un jour qu'il n'a fait que reculer. Certaines écoles de pensée nous incitent à nous contenter de ce que nous avons et à profiter de ce qui passe sans chercher plus loin. Bien que les possessions matérielles nous apportent plaisir et joie, cela ne doit pas être le seul but de la vie, sinon la vieillesse risque d'être triste et sans espoir. L'être sage ne cesse jamais de créer, car il sait qu'en se contentant de ses acquis il finira par rapetisser. S'il considère avoir suffisamment créé pour lui-même, alors il cherchera d'autres défis où le bonheur des autres aura une place prépondérante.

Les enfants font de la vie un jeu. Aujourd'hui, je décide de conserver ce regard en ne cessant jamais de grandir.

Un vêtement n'est pas tissé à partir d'un seul fil.

SAGESSE CHINOISE

L'individu le plus solitaire aura toujours besoin d'un cultivateur pour lui procurer ses légumes, à moins qu'il en cultive lui-même ; ou d'un cordonnier pour lui faire des chaussures, à moins qu'il soit lui-même cordonnier; ou d'un boucher pour lui fournir de la viande, à moins qu'il soit végétarien, etc. Ce qui est clair, c'est que nous faisons partie d'une formidable communauté dans laquelle les agissements des uns finissent toujours par affecter les autres, en bien ou en mal. Il n'y a pas à mettre en doute notre propre force ou potentiel, mais il faut savoir compter sur les autres quand cela est nécessaire, et leur apporter notre soutien quand cela est demandé.

Une seule lumière peut éclairer la nuit, mais des milliers de lumières ressemblent au jour.

Aujourd'hui, je ne crains pas de demander de l'aide, tout en me rendant utile si nécessaire.

Aucune joie n'égale celle de servir autrui.

SAI BABA

Il y a un équilibre à trouver entre l'individualisme prisonnier du matérialisme et l'altruisme totalement aveugle. Peut-être qu'aucun qualificatif ne saurait parfaitement définir une telle conduite, mais il s'agit essentiellement d'une attitude basée sur l'écoute et le respect envers autrui.

Chaque fois que nous fermons les yeux et le cœur sur les besoins de l'autre, nous ne faisons que semer en nous les graines de l'égoïsme et de l'amertume. L'aigreur de nos pensées et de nos propos aura tôt fait de nous aigrir nous-même. À l'inverse, nous pouvons ressentir le plaisir et la joie d'avoir apporté notre soutien à une bonne cause, ou notre aide à celui ou celle qui en avait besoin. Il ne suffit quelquefois que d'une parole de réconfort ou simplement d'une « oreille attentive ».

Aider est dans la nature humaine, car la nature humaine est fondamentalement bonne.

Aujourd'hui, je peux aider ; à moi de trouver comment.

Pourquoi devriez-vous profiter de moments de calme et de repos ? Parce que Dieu lui-même s'est reposé le septième jour.

HERVÉ DESBOIS

Il est vrai que l'on peut toujours trouver quelque chose à faire. Si notre corps nous le permettait, nous pourrions même travailler jour et nuit : un dossier à terminer, une réparation à faire, une lettre à écrire, la liste peut être sans fin. Cependant, pour notre propre équilibre et celui de nos proches, nous devons nous faire un devoir d'arrêter de temps à autre.

Les temps modernes nous ont apporté une urgence perpétuelle dans l'action, toujours de plus en plus de choses à faire avec de moins en moins de temps disponible. Alors, comment arrêter la machine quand j'ai tant à faire ? En me fixant des objectifs quotidiens, ou hebdomadaires, et en travaillant fort pour les atteindre. Je devrai peut-être en faire plus de temps en temps pour y arriver, cependant, une fois mes objectifs atteints, « je ferme la boutique et je mets la clé sous le paillasson », car j'ai mérité mon repos et je peux en profiter avec la satisfaction du devoir accompli.

Dieu lui-même s'est reposé. Aujourd'hui, je me permets de suivre son exemple.

Pourquoi dire que les gens sont comme ils sont et qu'ils ne peuvent changer ? Tout se travaille, même le calme.

HERVÉ DESBOIS

Pouvons-nous vraiment croire que notre destin est écrit dans les étoiles ou, pire encore, que ce sont nos gènes qui guident notre destinée ? Notre éducation joue certainement un grand rôle dans ce que nous sommes aujourd'hui, mais nous pouvons certainement nous améliorer, ne serait-ce que dans notre éducation, en réévaluant ou en enrichissant notre savoir et nos opinions.

Personne n'a jamais dit que ce serait facile, mais je peux changer, et pour le mieux. À moi d'y travailler, jour après jour, sans jamais perdre ma foi et ma détermination. Et je ne laisserai personne me faire douter, peu importe son grade, son titre ou sa galerie de diplômes.

Le monde peut être meilleur, à commencer par moi, et je me mets à la tâche dès aujourd'hui !

Le plus beau cadeau que l'on puisse offrir à l'autre est une attention profonde à l'égard de son existence.

SUE ATCHLEY EBAUGH

Nous sommes quelquefois tellement préoccupé par notre propre vie ou nos difficultés personnelles que nous en oublions les autres. Dans de tels moments, nous ne savons que parler de nous, et si nous pensons à laisser la parole à un éventuel interlocuteur, c'est à peine si nous l'écoutons. Plongé dans nos propres pensées, nous cherchons nos mots et construisons notre dialogue dans notre tête sans même entendre les propos de celui ou celle qui est devant nous.

Mes opinions, mes idées et mes problèmes sont importants. Ceux des autres également.

Aujourd'hui, j'écoute vraiment ce que les autres ont à dire. Qui sait si je n'y trouverai pas des solutions à mes propres problèmes ?

Soyez comme l'eau de la rivière, dont le calme apparent cache une grande force.

HERVÉ DESBOIS

Nous rencontrons parfois des gens très volubiles qui ne font que parler, parler et parler. Ces moulins à paroles discuteront éventuellement de toutes sortes de projets qu'ils pensent mettre en œuvre, ou auxquels ils travaillent, et la liste semble tellement longue que l'on peut soi-même avoir l'impression d'être bien peu actif. Il faut pourtant savoir se montrer avare de commentaires et concentrer toute son attention sur l'action, quitte à démontrer plus tard sa fierté, une fois le devoir accompli.

Instinctivement, nous respectons celui qui travaille en silence et fournit le résultat demandé, et nous avons tendance à nous désintéresser de celui qui parle trop, peu importe ses accomplissements.

Aujourd'hui, je ne cherche pas l'approbation de mon entourage, mais je trouve plutôt ma gratification dans la satisfaction du travail bien fait.

La poésie de la terre ne meurt jamais.

JOHN KEATS

Chaque saison écrit sa poésie pour qui sait lire dans le ciel et dans le vent. La nature est muette pour nous qui sommes trop bavard et, à trop nous écouter parler, nous ne savons plus lire la beauté dans les choses simples du quotidien.

Je regarde les fleurs grandes ouvertes vers le soleil, hochant leur tête au rythme de la brise. J'observe les arbres se teinter discrètement de vert tendre un peu plus chaque jour dans la tiédeur du printemps nouveau. Et toutes ces feuilles, qui bientôt enflammeront les paysages, et qui, pour l'heure, me procurent une ombre fraîche et reposante durant les chaudes après-midi d'été. Même l'hiver au cœur de glace m'offre ses étendues virginales que seul le vent a effleurées ici et là pour y sculpter les dessins d'un dieu qui n'appartient à personne.

Aujourd'hui, ne serait-ce qu'un bref instant, je me laisse toucher par la poésie de la nature, car elle sait m'apporter un souffle de sérénité pour adoucir et calmer quelque peu mes tempêtes et mes tourments intérieurs.

La patience est la sagesse dans l'attente.

SAGESSE CHINOISE

Comme le bourgeon attend le moment propice avant d'éclore, nous devons faire preuve de patience et de discernement dans nos paroles et nos gestes quotidiens. Le sot parle vite pour dire n'importe quoi, et il ne fait qu'agir comme une poule sans tête. Si je sais quelque chose, je dois savoir aussi quand le dire ou quand le taire. Et si je ne sais pas quelque chose, je ferai preuve de sagesse si je prends le temps de l'apprendre.

À l'ère des ordinateurs, sans cesse améliorés pour aller de plus en plus vite et être de plus en plus performants, gardons-nous de devenir des machines à performer qui ne savent pas voir plus loin que la fin du jour. Si certains gestes ne peuvent attendre, il en est d'autres qui doivent venir en leur temps.

Aujourd'hui, je m'efforce de penser en fonction de semailles et moissons, de déterminer le meilleur moment pour faire, ou ne pas faire, et mes récoltes n'en seront que meilleures et plus belles.

C'est une triste chose de penser que la nature parle et que le genre humain n'écoute pas.

Victor Hugo

Quand la tempête fait rage et que la neige s'accumule en montagnes éphémères, pensons-nous à tous les arbres que nous avons coupés dans les plaines, véritables saignées dans le paysage torturé ? Et quand la rivière se déchaîne et détruit routes et maisons sur son passage, pensons-nous à ces eaux que nous avons détournées dans un lit qui n'est pas le leur ? La poésie de la terre, aussi belle puisse-t-elle être, peut aussi être un chant de colère ou de tristesse.

Dès aujourd'hui, j'apprends à reconnaître le langage de la nature, je m'efforce d'en comprendre les messages et je découvre comment la respecter. J'ouvre mes yeux d'enfant, mes yeux d'amant, et je deviens moi-même enfant et amant de la nature.

Ne prêchez pas vos croyances. Vivez-les.

HERVÉ DESBOIS

Les parents le savent, les enfants apprennent beaucoup en suivant des modèles. Ainsi, l'enfant que nous aimons aujourd'hui est peut-être celui qui nous soignera demain.

Même si certains individus ne semblent avoir d'autre but que de nuire aux autres, la très grande majorité des gens souhaitent le bien-être et la paix sur cette terre. Toute personne de bonne volonté cherche à se comprendre et à s'améliorer en tentant de trouver des réponses aux questions de la vie. Toute personne de bonne volonté rêve sans doute d'une planète propre et sûre où il fait bon vivre, une civilisation où il n'y aurait ni violence, ni guerre, ni criminalité et dans laquelle chacun peut être respecté pour ce qu'il est, ce qu'il pense et ce qu'il croit.

Soyons ce que nous disons, faisons ce que nous pensons et vivons nos croyances, car chaque individu porte en lui la paix de ce monde.

Aujourd'hui, je ne me contente pas de parler de paix ; j'en suis le messager.

Qui parle sème, qui écoute récolte.

SAGESSE PERSANE

Lorsque nous parlons, soyons sûr de ce que nous disons, et lorsque nous écoutons, assurons-nous de la justesse de ce que nous entendons. Les gens mal intentionnés se complaisent à semer le doute et la confusion dans l'esprit des autres ; soyons donc vigilant pour ne pas nous laisser influencer par eux.

L'esprit se nourrit de ce qu'il voit, lit et entend, et il finit par en prendre la couleur.

J'ai toujours le choix de me taire ou de parler, comme j'ai le choix d'écouter ou de tourner le dos.

Que vais-je dire et écouter aujourd'hui ?

La patience est une plante amère, mais elle porte de doux fruits.

DAVID BAIRD

Suis-je de ceux qui, aujourd'hui, regrettent d'avoir parlé ou agi au mauvais moment ? Suis-je de ceux qui semblent ne jamais vouloir se corriger ? Ai-je encore l'âme d'un adolescent trépignant d'impatience, pareil à un bâton de dynamite qui éclate à la moindre étincelle et s'éteint à la première pluie ? Si la fougue et le dynamisme de la jeunesse sont de belles qualités à conserver, il nous faut grandir en tant qu'adulte et apprendre que la patience n'est pas un signe de vieillesse, mais de sagesse.

J'apprends à me « coudre la bouche » et à me « lier les mains » lorsque cela est nécessaire. Si la patience est une plante amère, ce n'est rien en comparaison de l'amertume apportée par le regret, le remords ou la déception.

L'impatience porte en elle les graines de la violence, alors que la patience est en elle-même une force puissante et imperturbable, qui finit toujours par donner ses fruits à qui sait l'entretenir.

Aujourd'hui, je serai patient.

Le sommeil est un repos pour le corps. Le silence et le calme sont un repos pour l'âme.

HERVÉ DESBOIS

Après ma journée de travail, je me laisse aller dans le silence et le calme d'une soirée sans artifices. Un peu de musique sur laquelle me bercer sans autre but que d'être bien. Et si je ne peux m'empêcher de penser, alors je laisse mon esprit vagabonder sans chercher à résoudre un problème, ni faire de projets, ni même méditer ou faire la conversation avec moi-même.

Aujourd'hui, j'accepte d'être dans ma bulle et de ne rien faire d'autre que de profiter d'un moment de sérénité, une parenthèse dans ma vie, un instant de plénitude pour reposer l'âme. Si je soigne mon corps, je ne néglige pas de prendre soin de moi.

Il est difficile d'attraper un chat noir dans une pièce sombre, surtout lorsqu'il n'y est pas.

PROVERBE CHINOIS

Quelquefois, nous refusons de voir l'évidence. Plutôt que d'admettre ce qui est là, devant nous, nous partons en hypothèses et en conjectures à la recherche de je ne sais trop quelle vérité cachée. Tellement cachée que nous ne la trouvons jamais. C'est comme si nous perdions notre aptitude à observer, aveuglé par un manque de confiance ou une soudaine poussée de suspicion. L'être aimé nous dit « je t'aime » mais, en même temps, nous pensons avoir vu une ombre passer dans ses yeux. Et nous nous retrouvons soudain en train d'interpréter ses faits et gestes, en train de douter de sa parole.

Malgré les complexités réelles ou apparentes de la vie, je ne perds pas de vue qu'elle peut être simple. Et si jamais le doute me prend, je cherche à communiquer plutôt que d'avancer moi-même les réponses.

Aujourd'hui, je pense vérité, je pense simplicité.

Nombreuses sont les feuilles de l'arbre, mais la racine est une.

SAGESSE CHINOISE

La diversité qui habite cette planète est impressionnante. Les gens, leurs cultures, leurs langues et leurs religions sont à l'image de cette diversité : une formidable mosaïque qui donne toute sa couleur à ce monde dans lequel nous vivons. Pourtant, au-delà des apparences, les racines de l'humanité sont les mêmes. Comme le soleil et le vent sculptent la terre et les paysages, l'éparpillement des femmes et des hommes sur la terre et l'évolution ont fait leur œuvre pour donner les contrastes que l'on connaît. Mais l'essence même de l'être humain, sa nature profonde et spirituelle, est indépendante de l'enveloppe charnelle.

Aujourd'hui, je prends vraiment conscience de cette réalité et je peux voir différemment les gens qui m'entourent et ceux qui vivent à l'autre bout du monde. Nous sommes tous frères et sœurs.

Celui qui a écarté la convoitise, la haine et la sottise ressemble à un miroir frotté.

BOUDDHA

Comme la maladie donne un teint terne à notre peau ou à nos yeux, les mauvais sentiments font leur marque sur notre visage et dans notre regard. Si la haine et la colère déforment certainement nos traits de façon évidente, il est difficile de cacher indéfiniment d'autres sentiments peu enviables. Même celui qui me sourit en face, mais me hait en secret, ne peut dissimuler longtemps ses vrais sentiments puisque, tôt ou tard, je finirai par me sentir mal en sa présence.

J'apprends à lire dans les yeux et à faire confiance à mon « sixième sens » afin de savoir vraiment à qui j'ai affaire, car je sais que je ne serai jamais mal à l'aise avec de vrais amis ou, à tout le moins, je serai capable de clarifier toute brouille ou incertitude qui se présentent.

Aujourd'hui, je cherche à être moi-même pareil à un miroir frotté pour que ceux et celles qui me regardent aient envie de me ressembler.

Je regarde les jours passer comme un frisson.
L'été arrivera bien.

HERVÉ DESBOIS

Quand l'impatience nous ronge et que nous restons blotti et frileux au fond de nos hivers trop longs, quand les visages que nous croisons ne connaissent plus les sourires et nous renvoient notre propre image, quand les jours sont trop gris et que la nuit vient trop vite, et que nous nous demandons quand le masque de la tristesse s'évanouira enfin comme brume au soleil, alors nous devons chercher au plus profond de nous ce que nous ne pouvons trouver ailleurs. Il nous faut chercher ne serait-ce que l'étincelle d'un bonheur passé, la moindre flamme d'un espoir prochain, une lueur, si petite soit-elle, car il faut croire, croire et encore croire pour que les événements se produisent. Après tout, l'été arrivera bien enfin.

Aujourd'hui, je puise mes forces dans toutes les richesses qui m'habitent.

Grâce à un effet du hasard, un homme peut régner sur le monde pendant quelque temps. Mais, en vertu de l'amour et de la bonté, il peut régner sur le monde à jamais.

LAO-TZU

Je peux être un porte-parole de la paix, de la tolérance et de l'amour, non pas pour paraître gentil ou soigner mon image de marque, mais pour l'exemple que je peux donner et les conséquences positives qui en découleront. L'atmosphère à la maison, l'ambiance au bureau, les relations entre amis ou simples connaissances, tout cela est créé par des attitudes, des propos, des conversations. Même si les nouvelles sont mauvaises ou préoccupantes, il ne sert à rien de se concentrer uniquement sur ces mauvaises nouvelles et dramatiser ou rendre plus noir ce qui se passe. Même si je ne dois pas fermer les yeux sur ce qui se passe autour de moi et dans le monde, je dois aussi, et plus que jamais, continuer à croire que le monde peut être meilleur et les choses aller mieux pour tous.

Aujourd'hui, je m'applique à regarder le côté positif du monde et à imiter les gens de qualité.

Le spectacle de la nature est toujours beau

ARISTOTE

Il est toujours plus facile de voir la beauté des gens et des choses lorsqu'il fait beau. Quand la nature au grand complet commence à s'ébrouer pour chasser les derniers frissons de l'hiver, que le spectacle est donc beau et attendrissant ! Mais faut-il simplement se contenter d'endurer les bourrasques d'automne et les glaces hivernales et attendre impatiemment les premières douceurs du printemps ? Dans la nature comme dans notre vie, nous serons bien malheureux si nous ne sommes pas capable de créer nous-même les beaux jours. Quand dehors la neige tombe en tempête, nous pouvons nous réjouir d'un bon feu de bois ou d'une soirée tranquille à écouter de la musique ou lire un bon livre. Et l'on peut se réjouir aussi de la promenade que l'on pourra faire plus tard dans la belle neige fraîche. Et si notre propre vie est grise et triste, nous pouvons faire l'effort de trouver quelque chose qui nous fera sourire. Il s'agit souvent de pas grand-chose pour commencer à sourire.

Aujourd'hui, je n'oublie pas les leçons de la nature, car quelle que soit la saison du cœur ou de la terre, la nature humaine peut être belle.

Là où il y a la confiance, aucune preuve n'est nécessaire. Là où il n'y en a pas, aucune preuve n'est possible.

PROVERBE CHINOIS

L'incertitude génère l'inquiétude, et l'inquiétude empoisonne notre quotidien de façon si sournoise que l'on se demande pourquoi nous finissons par tomber malade ou par déprimer. S'il est possible que nous portions en nous les germes de ces états d'âme, il nous faut néanmoins avoir le courage de faire face aux situations qui se présentent à nous en communiquant ouvertement afin de mettre au clair toute interrogation ou incertitude. Peu importe « la poussière » ou « la vaisselle brisée », nous en sortirons gagnant puisque nous aurons rétabli un climat de confiance.

Aujourd'hui, je ne laisse pas l'incertitude entrer dans ma vie car, comme la poussière, elle peut finir par m'aveugler et m'étouffer. La sérénité demande que l'esprit soit clair.

La délicatesse, ce merveilleux élan du cœur de l'espèce humaine, se manifeste de la façon la plus significative dans les petits gestes.

MARY BOTHAM HOWITT

De toutes petites attentions répétées jour après jour apportent certainement une touche de sérénité dans notre vie et celle de ceux qui nous entourent. Il suffit souvent de pas grand-chose pour créer un climat de détente et de bien-être : préparer un bon petit déjeuner alors que l'être aimé paresse encore au lit, lui apporter son café dans la salle de bain alors qu'il se prépare à aller travailler, mettre quelques fleurs sur la table pour le souper, lui demander comment a été sa journée, remarquer les petits détails qui rehaussent son charme ou sa beauté... la liste est à la mesure de notre imagination. Tous ces gestes ne sont que des marques d'affection, des façons de dire à ceux que l'on aime combien on apprécie leur présence.

Pour les inconnus du quotidien, la délicatesse est une marque de respect qui se traduit par des actions gratuites et anodines : céder sa place dans l'autobus ou le métro, tenir la porte ouverte pour ceux qui suivent, marcher sans bousculer les autres, rester courtois sur la route, dire bonjour, sourire, etc.

Aujourd'hui, je fais preuve de délicatesse en posant des petits gestes remplis d'attention.

Écoutez deux oiseaux se faire la cour, tout en goûtant le calme d'une promenade.

HERVÉ DESBOIS

La nature a quelque chose d'apaisant pour qui se laisse aller à l'écouter. Vous êtes-vous déjà étendu dans l'herbe à l'ombre d'un arbre en fermant les yeux, n'écoutant que le vent, le chant des oiseaux, le bruissement des herbes hautes tout autour ? Avez-vous déjà pris soin d'écouter la chanson de l'eau qui coule au creux du lit d'une rivière ? Connaissez-vous la symphonie de la terre qui s'éveille aux premiers rayons du soleil ? Ou le concert de tout ce qui peuple lacs et forêts alors que la nuit s'apprête à envahir votre coin de planète ?

Aujourd'hui, pour une minute ou la journée entière, j'écoute et j'admire la poésie de la nature. C'est un remède naturel, gratuit et sans effets secondaires néfastes.

Je crois que l'homme rêve uniquement pour ne pas cesser de voir. Il se peut qu'un jour la lumière intérieure jaillisse de nous, si bien qu'aucune autre ne nous serait plus nécessaire.

JOHANN WOLFGANG VON GOETHE

L'arbre porte en lui son histoire, depuis la graine qu'il a été jusqu'à la plus haute de ses branches actuelles. Chaque saison s'inscrit au plus profond de sa substance, chaque racine et chaque feuille contribuent à perpétuer son histoire. Toute espèce, qu'elle soit animale, végétale ou autre, porte en elle l'histoire de ses ancêtres, l'histoire de sa survie, l'histoire de son avenir.

L'être humain porte en lui une double mémoire, reflet de sa dualité de personne physique et d'être spirituel. Nos ascendants nous ont transmis les caractéristiques propres à notre famille, à notre race, mais, nous-même, en tant qu'être spirituel, possédons une mémoire qui nous est propre et exclusive, l'histoire de ce que nous avons été en d'autres temps, en d'autres lieux. C'est un trésor plus précieux que tout, puisqu'il renferme la clé de notre liberté et les semences de ce que nous pourrions devenir.

Aujourd'hui, je veux être de ceux qui cherchent vraiment la lumière au fond d'eux-mêmes et qui finiront par trouver leur chemin dans les ténèbres.

Si vous ne pouvez « être zen » pour vous-même
de temps à autre, soyez-le pour les autres.

HERVÉ DESBOIS

Les émotions peuvent être contagieuses. Je pourrai peut-être ressentir de la tristesse face à quelqu'un qui pleure, tout comme la colère montera éventuellement en moi si je suis en présence d'une personne qui s'emporte. À moins d'être immunisé contre la contagion des émotions, on ne peut rester longtemps insensible au contact du chagrin, de la peur ou de la joie. Le phénomène fonctionne évidemment dans l'autre sens : les sentiments qui m'habitent finiront par se transmettre à mon entourage. D'où l'importance de penser aux autres quand je sens la nervosité ou l'impatience bouillir en moi.

Aujourd'hui, j'apprends à gérer et à calmer mes débordements émotifs. Si je ne le fais pas pour moi, je le fais pour mon entourage. Incidemment, j'y gagnerai.

Quand vous voyez un homme sage, pensez à l'égaler en vertu. Quand vous voyez un homme dépourvu de sagesse, examinez-vous vous-même.

CONFUCIUS

Qu'il est donc facile de critiquer ! Nous sommes toujours le meilleur arbitre en matière de vertus et de bonne conduite, du moins quand il s'agit des autres, car l'autocritique est rarement le fort de l'être humain. Il est certainement profitable pour soi-même et la communauté en général de choisir de bons modèles et de s'efforcer de les imiter. Mais il faut mettre autant d'efforts, sinon plus, à nous regarder tel que nous sommes réellement lorsque nous sommes devant un individu désagréable. Ce n'est peut-être pas facile, mais combien formateur et édifiant, de chercher en nous ce que nous détestons chez un autre.

Aujourd'hui, je peux apprendre beaucoup sur moi-même en observant les autres dans la mesure où j'oserai me poser les bonnes questions.

La vie, et encore plus l'amour, nous réservent bien des surprises.

ÉRIC BOUTIN

Il peut nous arriver quelquefois de nous sentir déprimés par l'échec ou submergés par le désespoir, que ce soit à cause d'une déception amoureuse, la faillite d'un projet ou toute autre déconvenue majeure. Dans ces moments de détresse extrême, la vie peut sembler sombre et sans issue, comme si rien ne pouvait venir nous réconforter. Il est plutôt normal de ressentir vivement un échec important et d'en souffrir les conséquences émotionnelles, tout comme la mort d'un être cher apporte larmes et tristesse. Malgré le poids de ces noirs sentiments, il nous faut pourtant croire en la vie et redresser nos épaules car, si nul ne sait de quoi demain sera fait, nous pouvons être sûr que notre attitude d'aujourd'hui déterminera nos lendemains.

Aujourd'hui, si l'amour ou le succès semblent avoir quitté ma vie, je peux certainement en attirer d'autres, peut-être plus beaux encore ; tout dépend de moi. L'abeille ne se pose que sur la fleur ouverte et épanouie.

L'eau du lac peut être calme, mais elle cache une vie intense.

HERVÉ DESBOIS

L'agitation peut être comme l'écume de l'eau : tout bouillonne mais il ne reste rien quand le calme revient. Même si parfois les circonstances exigent de se démener et d'agir rapidement, il n'est pas nécessaire de courir dans tous les sens pour vraiment arriver à un résultat. Je serai plus utile si je ne cède pas à l'agitation, que je reste calme et que je fais les gestes appropriés pour régler une situation, quelle qu'elle soit. Comme nous pouvons facilement percevoir la nervosité chez une autre personne, les gens autour de nous perçoivent aussi nos états d'âme, et s'ils peuvent percevoir mon propre calme, alors ils se sentiront apaisés et rassurés.

Aujourd'hui, je sais trouver et tirer la force du calme. C'est un apprentissage quotidien.

L'herbe des champs
Libère sous mes semelles
Son parfum

HAÏKU DE SHIKI MASAOKA

Les odeurs font partie de notre vécu, de notre mémoire. Elles y sont inscrites comme les images et les sons de notre passé. Si l'on s'entend sur ce que sont de façon générale les bonnes et les mauvaises odeurs, il en est tout autrement de l'appréciation individuelle de tel ou tel parfum. Une odeur peut enchanter une personne et rendre malade une autre. Au-delà de nos goûts personnels, certaines odeurs peuvent être liées à des événements plus ou moins heureux de notre passé qui rendent ces odeurs désagréables sans que l'on sache trop pourquoi.

Comme nous aimons nous entourer d'objets qui nous plaisent, cherchons à nous entourer d'odeurs et de parfums qui nous sont agréables et qui nous rappellent de bons souvenirs. C'est une façon de garder les ondes néfastes à distance et de faire entrer la quiétude dans notre maison.

Aujourd'hui, je m'attache à rendre mon environnement accueillant et agréable.

L'apprentissage ressemble à l'horizon : il n'y a pas de limites.

SAGESSE CHINOISE

On ne peut transmettre ce que l'on ne sait pas, et ce qui ne se transmet pas finit par mourir. Le savoir peut être un bien que l'on s'approprie de façon égoïste, une semence qui germe en nous et qui pourra éventuellement nous être profitable. Mais si nous le partageons avec d'autres, il devient alors une semence qui se répend pour aller fleurir ailleurs. En ouvrant les portes du savoir à nos enfants et aux gens de notre entourage, nous embellissons notre univers et le leur. Si certains répugnent à voir les gens autour d'eux devenir plus intelligents, peut-être par crainte de paraître eux-mêmes moins intelligents, je ne me laisse pas influencer par eux, et je cherche moi-même la vérité du savoir à la source.

Aujourd'hui, je m'applique à apprendre et à ouvrir mes connaissances à ceux qui m'entourent, car la connaissance libère les gens de l'ignorance, et l'apprentissage du savoir ouvre tout grand les horizons.

Le monde est aveugle. Rares sont ceux qui voient.

BOUDDHA

Nous sommes, à un degré plus ou moins grand, aveuglé par le monde physique dans lequel nous évoluons. À force de ne voir que matière et objets tangibles, nous finissons par oublier la nature première de l'être humain, sa nature spirituelle. Les « philosophies » matérialistes du XXᵉ siècle ont graduellement modifié nos cultures occidentales et ont inculqué l'idée que tout n'est que matière.

Au-delà de l'atome et des neurotransmetteurs, il existe une réalité aussi invisible que puissante, à l'image du vent qui anime les branches dans les arbres.

Aujourd'hui, je ne serai pas aveugle au point de ne plus voir la dimension spirituelle de la création.

Laissez-moi flotter dans ma bulle, le temps d'un soupir.

HERVÉ DESBOIS

Je suis sur le sommet d'une montagne, avec le monde à mes pieds, seul dans l'immensité d'un univers inhabité, perdu entre ciel et terre, l'esprit immense et les bras tendus vers l'espace infini. Mes yeux sont fermés, mes oreilles sont sourdes, mais tout est limpide et clair, et nul besoin de parler, car les mots sont inutiles dans cet espace-temps ignoré de tous. Qu'importe la mesure du temps qui s'écoule ailleurs, dans ma bulle, le temps d'un soupir dure une seconde ou une éternité. Cela n'appartient qu'à moi.

Aujourd'hui, je me permets de flotter dans ma bulle.

Les êtres humains, en changeant les attitudes intérieures de leur esprit, peuvent transformer les aspects extérieurs de leur vie.

WILLIAM JAMES

Concept mille fois écrit, mille fois répété, et pourtant si vite oublié, si vite renié.

Lorsque tout va bien, nous pouvons être porté à nous croiser les doigts, à toucher du bois, à ne pas oser croire à notre succès, imaginant que tout cela ne durera pas, comme si les bonnes choses qui nous arrivent n'étaient qu'un bon coup du sort, de notre bonne étoile dans notre ciel. Inversement, lorsque la vie va moins bien, nous pouvons nous demander ce que nous avons fait au ciel pour mériter cela, et nous finissons par nous en prendre à la création tout entière pour notre mauvaise fortune, comme si nous n'étions pas capable de nous mettre nous-même dans le pétrin, comme si nous n'étions qu'une fleur éphémère et fragile dépendante du ciel ou d'un jardinier anonyme pour notre bonheur sur terre.

Aujourd'hui, malgré les obstacles, les problèmes et en dépit de ce qui paraît impossible, je ne perds pas de vue que la force du changement réside en moi et qu'il n'en tient qu'à moi d'y croire.

Il est préférable d'être seul que d'être en mauvaise compagnie.

DAVID BAIRD

Nous recherchons habituellement les ondes positives, les bonnes vibrations, et c'est la raison pour laquelle nous voulons nous entourer de gens sincères, vivre dans un quartier agréable et aménager notre intérieur pour y être bien. Et, de façon tout aussi naturelle, nous tâchons d'éviter les endroits sinistres et les gens qui pourraient nous nuire, ceux que l'on appelle les gens à problèmes.

C'est une de mes libertés fondamentales que de choisir qui sont mes amis. Si ma vie se passe bien et que, de façon générale, je me sens bien, c'est un signe que je suis bien entouré.

Aujourd'hui, je ne perds pas de vue ma liberté de choix, surtout en matière d'amitié.

L'arbre grandit mieux à l'abri des tempêtes.

HERVÉ DESBOIS

Nous pouvons voir la vie comme une jungle, un combat perpétuel qu'il nous faut gagner quotidiennement. Et, si nous avons des enfants, nous recherchons avant tout leur bonheur et leur bien-être, nous voulons à tout prix les mettre à l'abri des tempêtes de la vie et leur éviter le plus possible les douleurs et les souffrances et, peut-être plus que tout, éviter qu'ils ne fassent les mêmes erreurs que nous.

Si cela part d'un bon sentiment, nous ne devons pas surprotéger ceux que nous aimons, car n'oublions pas que l'esprit, comme le corps, peut créer ses propres « anticorps », ses propres défenses contre l'adversité. Donnons à nos enfants un foyer où règne le respect et la tolérance, l'écoute et la communication, et ils seront suffisamment forts pour affronter les mauvais temps de la vie. Les pires tempêtes sont peut-être celles que nous causons nous-même.

Si l'arbre grandit mieux à l'abri des tempêtes, il a surtout besoin de lumière et d'espace. Aujourd'hui, je n'oublierai pas d'accorder à ceux que j'aime le droit d'être et de vivre.

Le cœur du fou est dans sa bouche, mais la bouche du sage est dans son cœur.

BENJAMIN FRANKLIN

« Ne parle que lorsqu'il le faut et ne dis que la moitié de ce que tu penses. N'écris que ce que tu peux signer. Ne fais que ce que tu peux dire. » Ces conseils d'un père à son fils, tirés d'un vieux livre de savoir-vivre, sont une leçon de sagesse et de retenue dont il faut certainement prendre note. La plupart d'entre nous avons sans doute connu, et causé nous-même, des déceptions dans différentes sphères de notre vie, qu'il s'agisse d'engagements jamais tenus ou de paroles non respectées, ces petites et grandes trahisons envers nous-même et envers les autres nous laissent toujours un goût amer.

Si je suis capable de faire mon autocritique en la matière, je peux comprendre pourquoi l'on dit que le silence est d'or. Il n'est peut-être pas facile d'admettre que j'ai eu tort, mais je peux cependant convenir que j'ai quelquefois parlé trop vite, trop fort ou tout simplement trop.

Aujourd'hui, je m'efforce de ne pas avoir la parole prompte et l'oreille distraite, je m'efforce de vraiment écouter et comprendre les autres. C'est peut-être là la sagesse.

Celui qui plante l'arbre n'est pas celui qui profitera de son ombre.

PROVERBE CHINOIS

Nous faisons certainement bien des choses pour notre profit et notre bien-être personnel, et c'est très bien. Nous ne devons cependant pas perdre les autres de vue, même lorsque nos décisions ne semblent concerner que nous, à la façon des parents qui doivent constamment tenir compte de leurs enfants dans leurs moindres décisions.

À l'image de tous ceux qui travaillent aux grandes causes sociales et humanitaires dans un but purement désintéressé, nous pouvons à notre mesure apporter notre pierre à l'édification d'un monde sans guerre et sans violence, un monde d'amour et de tolérance. Si j'y pense quelques instants, je peux trouver sans aucun doute de nombreuses façons d'y parvenir.

Aujourd'hui, je considère les autres dans mes décisions car, après tout, mon avenir fait aussi partie de leur avenir.

C'est à l'endroit où l'eau est profonde qu'elle est la plus calme.

WILLIAM SHAKESPEARE

Faut-il vraiment se retirer et méditer longtemps pour atteindre sagesse et sérénité ? Faut-il attendre d'être vieux pour devenir raisonnable et intelligent ? Certains enfants ou adolescents nous surprennent parfois en tenant des propos ou en ayant des attitudes plus responsables que bien des adultes !

L'expérience apporte son lot de leçons, mais elle n'est certainement pas garante de sagesse, sinon le monde serait en bien meilleur état. La sagesse réside plus dans un état d'esprit d'ouverture et de soif de savoir. Celui qui apprend des autres et de la vie, qui cherche à comprendre le pourquoi des choses et des gens, celui qui ne juge pas sans savoir et qui ne parle pas sans connaître, celui-là marche déjà sur le chemin de la sagesse et de la sérénité.

Aujourd'hui, je garde l'esprit ouvert, car je suis sur cette terre pour découvrir et apprendre, et mon apprentissage n'est jamais terminé.

La sérénité est une confiance absolue en soi et en la vie.

HERVÉ DESBOIS

Je veux regarder devant, le sourire aux lèvres et l'âme en paix, peu importe les problèmes et les tourments.

Je veux regarder devant en sachant quoi faire et où aller, avec pour seul but la réussite du devoir à accomplir, pour moi-même et ma famille, pour les autres et l'humanité tout entière.

Je veux que mon but soit élevé pour dépasser les simples frontières de mon propre univers.

Je veux que mes objectifs, s'ils incluent ma réussite personnelle, incluent aussi la paix pour cette terre, car je ne pourrai réussir si le reste du monde échoue.

Il existe des chemins sur lesquels je peux avancer avec confiance vers des buts de bonheur individuel et universel. C'est à moi d'ouvrir les yeux et de les trouver.

Aujourd'hui, je cherche la voie de la sagesse. Elle n'est peut-être pas si loin que l'on pense.

Ah ! qu'il est doux de ne rien faire quand tout s'agite autour de nous.

JULES BARBIER ET MICHEL CARRÉ

Quand nous avons terminé ce que nous devions faire et que nous pouvons en regarder le résultat avec satisfaction, pourquoi ne pas nous permettre un moment de calme et de détente ? La terre continuera de tourner malgré notre inertie.

Nous pouvons peut-être trouver cela difficile de nous détendre au milieu de l'agitation ou de ne pas nous empêcher de chercher à nous rendre absolument utile auprès de ceux qui travaillent. Il faut pourtant apprendre à décrocher de temps à autre et faire confiance à ceux qui nous entourent si nous voulons nous permettre de profiter au maximum de ces instants de calme intérieur.

Si je suis capable de permettre à l'autre de ne rien faire pendant que je m'active, je dois être capable de complètement décrocher quand l'autre prend la relève. Plus que de la tolérance, il s'agit d'un acte d'amour.

Aujourd'hui, je me permets d'aimer, et d'être aimé, au point de laisser à quelqu'un d'autre le poids du monde l'espace de quelques instants.

Allez lentement, respirez et souriez.

THICH NHAT HANH

Si la vie semble aller trop vite et que je n'ai plus le temps d'admirer le paysage qui défile autour de moi, si les jours semblent avaler les secondes et gruger les heures à mon insu, alors il est peut-être temps d'actionner le frein d'urgence et de descendre du train. Au risque d'avoir l'impression de tomber, d'être étourdi et déstabilisé par un soudain changement de rythme, je décide d'arrêter la machine et de la mettre au point mort. Je décroche tous les téléphones, je ferme téléavertisseur et ordinateur, et je vais me perdre un jour ou deux en pleine campagne. J'en profite pour changer d'air et de paysage, pour découvrir des coins que je ne connaissais pas ou, au contraire, je m'en vais me réfugier dans un nid qui m'est familier, loin de tout et de tous.

Aujourd'hui, je me permets de penser à moi, car aucune pilule ne combattra jamais mieux le stress qu'une petite fugue en dehors des grands chemins du monde.

Il y a un mot pour ce qui est de ne jamais s'accorder de repos : l'esclavage.

HERVÉ DESBOIS

Il y a une différence énorme entre la passion du travail et ne plus pouvoir s'en passer, entre l'amour qui donne des ailes et celui qui met des chaînes. Tout comme la nature a des saisons pour se nourrir, grandir et se reposer, l'être humain doit avoir ses propres repères pour travailler, se distraire et reprendre des forces, pour être seul ou en société, en famille ou avec des amis. Autrefois, les gens accordaient leurs activités sur la course du soleil et des saisons. Hélas, les temps modernes ont effacé bien des repères et chacun doit les trouver par ses propres moyens. Quand la nuit devient le jour et que les dimanches sont comme n'importe quel jour de la semaine, il faut être capable d'établir soi-même ses priorités dans le temps. Si le travail occupe une place prépondérante dans notre vie, il ne doit pas prendre toute la place et nous devons en démarquer nettement les frontières et les garder comme un chien féroce.

Quels que soient les chapeaux que je porte au travail, je les laisse en finissant ma journée. J'ai bien d'autres chapeaux dans d'autres sphères de ma vie, et ils sont tout aussi importants.

Aujourd'hui, je n'oublie pas de décrocher du travail et de m'occuper du reste de ma vie.

Il y a des personnes qui marquent nos vies, même si cela ne dure qu'un moment. Et nous ne sommes plus les mêmes. Le temps n'a pas d'importance, mais certains moments en ont pour toujours.

FERN BORK

Il y a de la magie dans certaines rencontres que nous faisons au hasard de notre route sur terre. Est-ce parce que nous nous reconnaissons dans un autre ? Ou bien retrouvons-nous au fond d'un regard le visage d'une vie passée, un compagnon d'armes d'un siècle lointain, une épouse d'un autre temps, une amie d'un jadis perdu aux confins de notre mémoire ? Toujours est-il que ce genre de rencontre provoque en nous des réactions tout à fait inhabituelles, comme si une énergie très particulière s'éveillait soudainement et nous mettait en contact direct avec l'être en face de nous. Ces moments sont probablement aussi rares qu'ils sont intenses et magnifiques. Les barrières du temps et des apparences n'existent plus, éclipsées par cette communion instantanée, véritable symbiose entre deux êtres qui se reconnaissent.

Aujourd'hui, je reste ouvert sur le monde, l'âme en éveil, à l'affût des rencontres anodines ou extraordinaires. Qui sait où cela pourrait me mener .

La nécessité apporte force et persévérance.

SAGESSE CHINOISE

Qui ne fait pas face succombera un jour ou l'autre. Qui ne garde pas la tête haute ne méritera jamais le respect. Coups du sort, revers de la vie, mauvaises fortunes, appelons cela comme nous voulons, ces épreuves rencontrées dans notre vie devraient agir sur nous comme un coup de fouet, malgré la douleur ou le désespoir qu'ils nous causent en premier lieu.

Épreuve envoyée par Dieu, manifestation de notre karma ou simple message d'avertissement envoyé par la vie, peu importe les croyances que nous mettons derrière ces maux, nous devons être capable de redresser les épaules et de retrousser nos manches pour nous relever. Notre vie est notre château fort, et personne d'autre que nous-même ne le défendra aussi bien. On a beau dire qu'il y a des esprits forts et des esprits faibles, des vainqueurs et des victimes, des bons et des mauvais, tout cela découle d'un point de vue, d'un état d'esprit, le mien. Si je pense victoire, je créerai la victoire.

Aujourd'hui, je sais que la force de vaincre existe en moi. Il ne tient qu'à moi de la trouver et de l'utiliser.

Bénis soient ceux qui nous guérissent de notre mépris envers nous-même. De tous les services que l'on peut rendre à l'homme, je n'en connais pas de plus précieux.

WILLIAM HALE WHITE

Nous avons en nous des trésors de créativité, des richesses insoupçonnées et plus de puissance que personne ne voudra jamais nous en concéder. Nous avons aussi, hélas, tous les outils nécessaires pour forger nos propres chaînes et créer notre propre enfer, car il y a dans la vie des multitudes d'occasions de se faire rabaisser ou de se rabaisser soi-même. Quand nous voyons la complexité apparente du monde et de nos sociétés, nous avons de quoi nous sentir petit et impuissant. Cependant, n'oublions pas que c'est nous qui avons créé et qui continuons à donner vie à ces sociétés, n'oublions pas que nous portons en nous toutes les richesses dont nous avons besoin.

Aujourd'hui, je peux être l'étincelle qui ravivera la flamme de l'ami qui a perdu confiance.

S'accorder quelques minutes de silence, les yeux fermés, c'est parfois suffisant pour recharger ses batteries.

HERVÉ DESBOIS

Où que nous vivions sur cette planète, à moins d'être perdu quelque part au fond de la jungle équatoriale, nous savons que le temps passe trop vite et que le rythme de vie est trépidant. À peine la semaine est-elle commencée que nous cherchons déjà dans notre agenda, un quelconque et improbable temps libre. Ce rythme effréné peut rapidement devenir essoufflant, comme si nous n'étions plus aux commandes de notre vie, comme si une main invisible avait installé un puissant moteur à notre petite barque et que nous nous retrouvions les rames à la main, totalement impuissant et ridicule, observant avec effroi le paysage défiler sous nos yeux.

Quels que soient l'espace ou le moment, je m'efforce de trouver le moyen de m'évader quelques secondes ou quelques minutes. En fermant les yeux, je vais à l'intérieur de moi. En respirant lentement, je reprends conscience du temps présent, je prends mes distances par rapport à tous ces bruits qui m'entourent et je me détache de l'agitation.

Aujourd'hui, je prends le temps de respirer pour ne pas être aspiré.

Mêlez toute votre âme à la création.

VICTOR HUGO

La beauté du monde est faite de toutes ces fleurs que l'on sème et qui s'épanouissent en harmonie. La beauté du monde est faite de tous ces rêves que nous chérissons et que nous faisons naître pour notre bonheur et celui des autres. Nul ne peut être en marge de la vie, spectateur indifférent au spectacle qui se crée jour après jour. Qui marche dans ce monde emprunte les chemins tracés ou en crée de nouveaux, qui respire et parle parmi les gens peut contribuer à l'harmonie générale et embellir le monde. Dans tout ce que nous faisons se trouve un peu de nous et c'est une image de nous que nous projetons ainsi.

Je peux toujours orienter ma vie selon mes propres choix, que cela demande du courage ou une bonne dose d'insouciance.

Aujourd'hui, je m'efforce de faire ce que j'aime ou d'aimer ce que je fais, car le bonheur est dans la création.

Au lieu de condamner les gens, essayons plutôt de les comprendre. Essayons de comprendre pourquoi ils font les choses qu'ils font. Cela s'avère beaucoup plus profitable et intrigant que la critique et génère beaucoup plus de sympathie, de tolérance et de bienveillance.

DALE CARNEGIE

C'est peut-être une bonne chose que de critiquer les actions d'individus, d'entreprises ou de gouvernements, mais c'est encore mieux si nous pouvons apporter des solutions aux problèmes que nous rencontrons à notre propre niveau.

Si je suis capable de critiquer les actions d'un autre, je dois aussi faire l'effort de chercher et de contribuer à la solution, sinon mon intervention est vaine et non constructive. Face à certaines situations ou certaines personnes, nous pouvons être porté à juger sans comprendre. Il n'est peut-être pas facile de se mettre dans la peau des autres, mais c'est certainement la meilleure façon de saisir le pourquoi de leurs agissements.

Si je m'efforce de comprendre vraiment un point de vue qui n'est pas le mien, alors la paix et l'entente deviennent possibles.

Aujourd'hui, je cherche à comprendre toujours mieux et plus les autres et la vie, en dépit des différences et des sentiments, car je sais que l'harmonie est à ce prix.

Ceux qui ne prennent jamais de congés finissent par fatiguer les autres.

HERVÉ DESBOIS

Nous connaissons sans doute la sensation d'essoufflement ressentie en présence d'un individu qui ne s'arrête jamais. C'est un peu comme si nous adoptions son propre rythme affolé.

Nous avons tous des tolérances différentes au mouvement et à l'action. Certains seront par exemple facilement étourdis par un enfant qui cabriole et s'énerve autour d'eux, alors que d'autres supporteront l'équivalent d'une tornade.

Ainsi, certaines personnes travaillent sans relâche, que ce soit par oubli de soi ou par crainte du jugement des autres, consciemment ou non. Pourtant, repos et congés font partie d'une vie saine et équilibrée et il n'existe rien de plus réconfortant qu'un repos calme et serein après une bonne journée de travail.

Aujourd'hui, je pense à m'arrêter et j'encourage les autres à faire de même.

Il y a de la musique dans le soupir du roseau
Il y a de la musique dans le bouillonnement
du ruisseau
Il y a de la musique en toutes choses,
si les hommes pouvaient l'entendre
Leur terre n'est qu'un écho des astres

LORD BYRON

Efforçons-nous de rester en contact avec la nature, car le quotidien devient vite invisible et l'habitude efface l'émerveillement. Si l'esprit zen est empreint de sérénité, c'est probablement en raison de sa relation étroite avec ce qui est naturel, car la nature n'a nul besoin d'artifices ni de complexités pour nous éblouir : explosions de couleurs des fleurs et des feuilles d'une saison à l'autre, murmure du vent chuchotant d'arbre en arbre, mélodie d'une source fraîche qui se mêle aux chants des oiseaux, musique du ruisseau sous un manteau de neige, c'est une symphonie d'odeurs et d'images multicolores offerte jour après jour par le grand peintre de la vie.

Dès aujourd'hui, je me réserve des moments de contemplation dans la simplicité de la nature ; elle sait communiquer toute sa plénitude à qui prend la peine de lever les yeux vers elle.

Les lois sont inutiles pour l'homme pur, et inapplicables pour l'homme corrompu.

Sagesse chinoise

Tous les codes et toutes les lois n'ont été inventés que pour l'homme incapable de se corriger lui-même. L'arbre qui pousse droit n'a pas besoin de tuteur.

La vertu n'est certainement pas un concept inutile et dépassé, et on ne peut remplacer l'éthique par une sorte d'anarchie d'obligations et d'interdictions légalisées. L'être humain possède en lui un sens inné du bien et du mal, et tous les interdits imposés par les lois sont inutiles à ceux qui se laissent guider par leur raison et leur sens moral.

Il existe des lois divines et universelles écrites dans le cœur des hommes depuis la nuit des temps et ces lois seules peuvent garantir une promesse de bonheur.

Aujourd'hui, je m'efforce de garder l'esprit clair et le cœur léger, car les vertus du cœur sont intemporelles.

La grande nature, comme le feu, peut être source de réconfort et de paix, mais elle exige de ses usagers un respect de tous les instants.

DORIC GERMAIN

Si nous ne respectons pas la vie dans tous ses aspects, nous ne recevrons nous-même aucun respect. C'est une loi qui fonctionne dans tous les secteurs de l'activité humaine, même si ses effets ne sont pas immédiats ou évidents à première vue. Cela revient à dire que nous ne devons créer que des effets désirables si nous voulons connaître une vie heureuse et sereine.

Comme je respecte parents, conjoint et enfants, je respecte aussi les autres et leurs possessions, je prends soin de la nature et des animaux en toute occasion. Au fond, je sais qu'il faut traiter la vie comme j'aimerais moi-même être traité. C'est encore la meilleure façon de diriger ma conduite pour tirer le maximum des beautés et des bontés de la vie, pour profiter de sa force de réconfort et de paix.

Aujourd'hui, je regarde toute la création avec estime et je la traite avec égard. Si j'en suis l'enfant, j'en suis aussi l'auteur, à mon niveau.

Taisez-vous et écoutez le silence.

HERVÉ DESBOIS

Éteignez les lumières, fermez radio et télévision, sortez marcher dans les rues désertées et plongez dans la tranquillité d'une agréable soirée.

Une belle fin de semaine, quittez la ville, laissez l'auto et allez vous promener en forêt, au bord d'un lac ou sur des chemins de campagne.

Si vous êtes seul à la maison et que le travail peut attendre, installez-vous confortablement dans votre fauteuil favori et fermez les yeux. Tâchez de ne penser à rien, ne bougez pas, ne faites qu'écouter le présent qui vous entoure, tous les sons et les bruits que vous ne percevez habituellement pas, imprégnez-vous du calme et de la paix d'un bref moment de totale détente.

Aujourd'hui, j'apprends à ne rien faire, quelques minutes ici et là, et je découvre la richesse du silence.

Le calme dans l'action, comme une chute d'eau en se précipitant devient plus lente et plus aérienne, ainsi d'ordinaire le grand homme accomplit l'action avec plus de calme que ne le faisait attendre son désir impétueux avant l'action.

NIETZSCHE

Mettons de la grâce dans nos gestes, même les plus anodins. Là où il y a brusquerie, apportons l'harmonie ; où il y a rudesse, mettons de la douceur.

Comme l'élève apprend les mouvements lents du Taï-chi, parfois maladroitement, j'apprends à faire les choses avec finesse et élégance. À l'image d'une musique douce qui apaise l'esprit tourmenté, une attitude calme apporte esthétique et harmonie chez l'individu qui l'a et chez celui qui l'observe. Certaines activités humaines exigent force et ardeur, mais celles-ci peuvent néanmoins être exécutées avec calme, ainsi elles paraîtront moins brusques. C'est la sérénité de celui qui maîtrise son art, menuisier ou architecte, artiste ou médecin.

La douceur engendre la douceur. C'est un travail quotidien à faire sur moi-même, un effort personnel qui, pourtant, finira tôt ou tard par déteindre sur les autres.

Aujourd'hui, je sais agir avec détermination, mais aussi avec calme et douceur.

Il n'y a de paix qu'entre esprit et esprit.

ALAIN

Même si je me sens tourmenté, je dois trouver la volonté de rétablir la paix en moi, car je sais que la colère répondra à la colère si mes humeurs prennent le dessus. La tâche peut parfois paraître impossible à réaliser, mais si je ne me laisse pas guider par mes émotions négatives, et que je choisis la raison, je ne sombrerai pas dans plus de noirceur et je contribuerai à préserver le calme autour de moi, tout en le ramenant en moi.

Au plus profond de chacun résident toutes les beautés du monde, la paix et l'amour. C'est vers cela que je tends jour après jour.

Aujourd'hui, j'instaure la paix en moi, et je l'offre aux autres.

Enthousiasme et joie sont des émotions. La sérénité relève plus de l'état d'être.

HERVÉ DESBOIS

La vie est un tourbillon qui peut nous faire passer par toute la gamme des émotions, de la tristesse à l'enthousiasme, de la colère à la joie. Quand le soleil est doux sur ma peau un beau matin de printemps, quand le vent d'automne transporte les odeurs de la terre qui s'habille pour l'hiver, quand j'entends les oiseaux chanter d'arbre en arbre après la pluie, comme un hommage à l'arc-en-ciel éphémère, je ne peux m'empêcher de ressentir une joie simple et naïve. Je redeviens l'enfant qui s'émerveille devant une libellule venue se poser sur son bras, qui voit dans la pluie une source rafraîchissante et dans les nuages des monstres fantastiques et gentils, qui ouvre grand la bouche pour attraper les flocons de la première neige.

Aujourd'hui, je ne rejette pas l'émotion qui m'habite : je ris et je pleure, j'aime et j'étreins, je vis ce que je suis. La vie est belle si l'on se permet d'en vivre toutes les couleurs.

Apprenez à aimer le silence.

DAVID BAIRD

Ne craignons pas la solitude pour l'isolement qu'elle peut nous apporter, car elle est aussi porteuse de réflexion et de sagesse. Les moments de solitude peuvent être aussi précieux que rares ; sachons en tirer profit, puisqu'ils sont habituellement synonymes de silence et de calme.

Solitaire pour une heure ou une journée, j'en profite pour m'habiller de silence et je me laisse aller à la rêverie, je me laisse bercer par la quiétude environnante. Ces quelques instants baignés de sérénité me permettent de faire le point, ou peut-être de voir plus clair en moi ou, tout simplement, de me détendre.

Aujourd'hui, je ne fuis pas le silence, au contraire, car je sais qu'il porte en lui des messages que l'agitation quotidienne ne me permet pas d'entendre autrement.

Un arbre seul ne peut faire une forêt.

PROVERBE CHINOIS

Certains pensent qu'ils sont sur terre pour accomplir une mission, d'autres croient qu'ils sont là pour réaliser leurs buts ou vivre leur karma. Quelles que soient nos croyances et nos certitudes, nous sommes certainement sur cette planète pour une ou plusieurs raisons. Au-delà de nos objectifs personnels et autres desseins qui nous sont propres, il y a une réalité tout à fait tangible : les autres autour de nous. Aussi fort qu'il soit, un seul individu n'ira pas plus loin que sa force le lui permettra. Mais, s'il s'allie à d'autres individus, ses capacités sembleront décuplées et sa valeur sera d'autant plus constructive. Les choses qu'un groupe peut accomplir en tant que groupe tiennent parfois du miracle.

Je ne peux être plus fort ou plus heureux en ne vivant que pour mon propre bien-être. Je ne peux vivre replié sur moi-même, car j'ai besoin des autres comme ils ont besoin de moi.

Aujourd'hui, je prends conscience que j'ai des richesses à partager et que je recevrai en fonction de ce que j'aurai donné.

On peut être un héros sans ravager la terre.

BOILEAU

Il n'y a pas que les « grands » qui sont capables de grandes choses. Si je prends soin des autres, que j'élève mes enfants dans la confiance et le respect mutuels, que je maintiens de bonnes relations avec mon voisinage, que je contribue à préserver la nature et la vie en général, ou toute autre action profitable au plus grand nombre d'individus, je fais plus que n'importe quel « grand bavard » de l'histoire ancienne et contemporaine.

Les vrais héros ne savent pas qu'ils sont des héros, et qu'importe si leur nom n'apparaît pas dans les livres d'histoire ou dans les journaux, la vie ne serait pas aussi belle sans eux.

Aider positivement celui qui est dans le besoin, apporter son soutien aux causes justes, respecter les idées et croyances des autres, être digne de confiance, embellir son environnement en plantant un arbre ou des fleurs, ce sont toutes des attitudes et des petits gestes du quotidien qui font les grandes choses de la vie.

Aujourd'hui, je peux être un héros anonyme qui contribue à la beauté de la vie.

Pas facile de rester calme lorsque tout le monde panique autour de soi. Mais il faut bien quelqu'un pour ramener le calme chez les autres.

HERVÉ DESBOIS

Voilà une façon d'agir en héros dans le quotidien. Celles et ceux qui sont capables de garder leur calme quand les autres s'affolent sont des gens de grande valeur et qui méritent habituellement considération et admiration. Ce sont ces individus qui « sauvent les meubles », évitent la catastrophe et font en sorte que les événements connaissent une fin heureuse. C'est très facile de céder à la panique dans certaines situations, surtout s'il y a urgence ou danger. Mais les cas extrêmes n'arrivent certainement pas chaque jour de notre vie et, dans la plupart des cas, il est possible de garder un minimum de sang-froid pour avoir un point de vue extérieur et considérer le plus froidement possible la situation.

Aujourd'hui, je peux être la voix qui réconforte, la main qui encourage, je peux être un guide pour les autres en puisant dans mes propres ressources. Je peux être pareil au vent qui repousse les nuages sans être un vent de tempête, car les sources du calme existent en moi.

Le bonheur est parfois caché dans l'inconnu.

VICTOR HUGO

Il est dit que celui qui cherche a déjà trouvé. L'esprit curieux et intéressé se garde lui-même en vie en puisant une énergie nouvelle partout où son regard se pose. Qu'il connaisse l'échec ou le succès, les fruits de sa quête l'entraînent toujours plus loin devant. L'esprit curieux est un sage qui a grandi tout en gardant ses yeux d'enfant, un regard insatiable pour tous les mystères et les beautés du monde.

Quel que soit mon quotidien, je reste ouvert aux autres, et mon regard sur le monde et ces choses que je ne connais pas est un regard d'ouverture et de tolérance, car je recherche avant tout plus de connaissances et de compréhension.

Aujourd'hui, ma soif de savoir sera plus forte que ma peur de l'inconnu.

Toute puissance est faite de patience et de temps.

BALZAC

Il est vrai que le monde va vite, et que les jours et les semaines semblent parfois s'évanouir comme un soupir. Pourtant, la terre tourne toujours à la même cadence, et la nature effectue sa lente progression au rythme des saisons. Je suis conscient que certaines décisions doivent être prises sans délai mais, aussi, que bien des actions nécessitent un minimum de temps pour être parfaitement accomplies. Si je peux répondre rapidement aux urgences, je ne veux pas agir aveuglément, être comme un feu d'artifice qui éblouit et illumine la nuit de façon éphémère. Certaines graines que je plante aujourd'hui mettront du temps à se métamorphoser, et je sais reconnaître la valeur de la patience et du temps quand ils sont nécessaires.

Je serai plus fort si je sais attendre le bon moment.

Même le torrent finit par devenir calme.

HERVÉ DESBOIS

Quelquefois les journées paraissent infernales, comme si la création tout entière s'était liguée pour nous bousculer dès le lever du jour. Le téléphone n'arrête pas de sonner, nous sommes sollicités de toutes parts et le temps nous file entre les doigts comme du sable chaud et fin. C'est pourtant dans la tempête que l'on reconnaît le bon marin, et il nous faudra peut-être puiser très loin au fond de nous afin de trouver la sérénité nécessaire pour calmer la tempête.

Même si je me sens débordé et poussé par les événements, je m'applique à trouver en moi ce qu'il faut de calme et de force pour faire face à mes responsabilités.

Aujourd'hui, je regarde avec confiance et sérénité ce que la vie m'apporte, et je saurai trouver en moi la force tranquille dont j'ai besoin.

Le jardin, promesse de toute l'infinie vertu de la nature, à portée de la main.

POÉSIE HAÏKU

Jour après jour, la nature est là pour soutenir le genre humain et toutes les formes de vie qu'elle abrite et en assurer la survie. Derrière chaque arbre et chaque plante se cache le visage du grand créateur, et tout ce qui vit ici-bas contient les secrets de la vie. Les espèces végétales portent en elles des trésors divins qui nous ont été donnés pour nous permettre d'accomplir notre voyage sur terre. Si l'âme se nourrit d'amour et de beautés, le corps va puiser son énergie dans les richesses de la nature. Tant que nous respecterons suffisamment cette planète, nous pourrons en tirer les ressources nécessaires à notre survie.

Comme je connais mes limites actuelles en tant qu'être humain, je reconnais les limites de la nature, aussi généreuse puisse-t-elle être, et je m'efforce de ne pas gaspiller ses bienfaits. Si la nature est une mère nourricière pour moi, je saurai être son enfant reconnaissant et respectueux.

Aujourd'hui, je saurai prendre et donner, bénir et remercier.

Ou bien ne commencez pas, ou alors, ayant commencé, n'abandonnez pas.

PROVERBE CHINOIS

Tout geste que je fais porte ses conséquences, petites ou grandes, bonnes ou néfastes. Ainsi, je peux être cause de bonheur ou de malheur, de joie ou de tristesse. Quoi que je fasse ou que je m'abstienne de faire, je ne peux pas me dire que cela n'a pas d'importance et qu'il n'y aura pas d'impact pour qui que ce soit. La fleur que j'arrose et l'arbre que je protège, l'encouragement que je prodigue et le sourire que je porte, la colère que je maîtrise et la reconnaissance que j'exprime, sont autant de forces positives que j'oppose aux souffrances de ce monde. Si j'ai décidé d'apporter mon aide à un ami, si j'ai promis de contribuer à un projet, si je me suis engagé à défendre une cause, je décide d'être suffisamment fort et intègre pour aller jusqu'au bout, malgré mes faiblesses et les difficultés de la vie.

Aujourd'hui, les autres peuvent compter sur moi.

La vérité vaut bien qu'on passe quelques années sans la trouver.

JULES RENARD

Depuis toujours l'homme se pose des questions sur ses origines et sa destinée. Des philosophes de l'antiquité aux scientifiques des temps modernes, cette quête de la vérité a été constante. Bien des théories ont été élaborées pour tenter d'expliquer les mystères de la vie, et nous pouvons quelquefois nous sentir confus devant toutes ces informations. Entre philosophies matérialistes et philosophies religieuses, où est le vrai ?

Même si je ne suis qu'un être humain parmi tant d'autres, ni philosophe ni scientifique, j'évalue les idées que je reçois et je rejette toute opinion qui porterait atteinte à mon intégrité ou qui irait à l'encontre des valeurs fondamentales qui sont les miennes.

Aujourd'hui, je fais confiance à mon jugement car la vérité est en chacun de nous.

Se réserver des moments de tranquillité permet de passer à l'action avec confiance.

HERVÉ DESBOIS

En ce début de millénaire, la vie est plus trépidante et plus stressante que jamais. J'en ressens les effets jour après jour et j'ai quelquefois de la difficulté à trouver mon équilibre. Je peux être tiraillé entre vie professionnelle et vie personnelle ou familiale, sans toujours savoir où sont les frontières entre ces mondes. Mais je sais qu'il est bon de toujours chercher à dépasser mes propres limites et à ne jamais cesser de chercher à m'améliorer dans tous les aspects de ma vie. Cependant, je sais aussi que je ne peux fonctionner selon mes capacités si je ne prends pas le temps de souffler. Ainsi, lorsque ma journée de travail est terminée ou que j'ai accompli toutes mes obligations, je mets de côté toute préoccupation professionnelle ou autre et je profite sans réserve d'un repos bien mérité.

Aujourd'hui m'apportera son lot de travail et de soucis, mais je saurai me réserver des moments de tranquillité, des moments pour moi.

La haine, comme l'amour, se nourrit des plus petites choses.

BALZAC

Certaines personnes semblent avoir le don de nous mettre les nerfs à fleur de peau ou de nous ôter notre bonne humeur et notre enthousiasme. À l'inverse, d'autres sont capables de nous faire sourire même dans nos jours les plus noirs. Tout comme une mauvaise blague ou un sous-entendu dérangeant peuvent nous affecter, il ne suffit quelquefois que d'un sourire ou d'un bon mot pour ramener en nous la joie de vivre.

Par chance, les gens positifs composent la grande majorité de la population et c'est vers eux que je m'efforce d'aller. Et moi-même je tâche d'être bienveillant et attentionné envers les autres membres de ma famille, mes voisins, mes collègues et tous les gens que la vie met sur mon chemin.

Aujourd'hui, je ne prêterai aucune attention à ceux qui sont négatifs.

Il est plus facile de faire la guerre que la paix.

GEORGES CLÉMENCEAU

Mille et une occasions de dispute peuvent se présenter à nous quotidiennement. Pas besoin de chercher bien loin : les jouets de fiston traînent dans la maison, la musique du voisin est trop forte, un employé arrive en retard au travail, quelqu'un nous bouscule dans le métro, un automobiliste pressé manque de civisme envers nous, « Et tu m'as fait ci, et tu m'as fait ça », la liste des récriminations peut être sans fin.

Face à ces situations, je peux facilement tomber dans le piège de la colère, répliquer du tac au tac et m'enfoncer dans la discorde. Cependant, je suis aussi capable de me montrer patient si je le veux vraiment, même si cela devait me demander un effort surhumain. Pour m'encourager, je me dis que mon attitude conciliante me fera sortir plus fort que si j'avais encouragé et même gagné la dispute.

Aujourd'hui, je serai tolérant et je chercherai à créer l'harmonie plutôt que le désaccord.

Lorsque quelqu'un s'énerve, ne lui dites pas de se calmer. Ça énerve.

HERVÉ DESBOIS

Je sais que c'est facile de faire la morale aux autres et, moi-même, je n'aime pas qu'une autre personne me fasse des sermons, surtout quand je suis dans un mauvais jour. Je me retiens donc de faire des réflexions lorsque je vois quelqu'un d'autre pris en défaut ou victime de ses propres erreurs, car je sais que je ne ferai que l'enfoncer un peu plus. Si je m'abstiens de blâmer, cela ne signifie pas que je reste indifférent. Je peux être source de réconfort et d'encouragement en choisissant bien les mots et le ton que j'emploie. Si je veux réellement aider, alors je dois me montrer compréhensif et bienveillant.

Aujourd'hui, je serai indulgent face aux erreurs des autres.

S'armer de patience, combien l'expression est juste ! La patience est effectivement une arme, et qui s'en munit, rien ne saurait l'abattre.

EMIL CIORAN

J'admire la persévérance du sportif et l'entêtement du danseur qui s'exercent à leur discipline jour après jour. Ces qualités, qui requièrent une grande force de caractère, cachent une puissance qui suscite l'admiration, tout comme le calme et la force du félin éveillent chez l'être humain crainte et fascination.

Je peux moi-même prendre exemple sur celles et ceux qui savent attendre avec sagesse et agir avec ardeur le moment venu. Je prends le temps d'observer et de réfléchir, et j'évite ainsi de gaspiller mes forces en passant à l'action précipitamment.

Un jour après l'autre, j'apprends à forger et à aiguiser ma patience.

Regardez l'adversité comme une opportunité déguisée.

PROVERBE CHINOIS

Quand les épreuves nous frappent, nous avons tendance à nous replier sur nous-même et à baisser les bras. Nous pouvons alors nous sentir impuissant et inférieur, triste ou déprimé, voire même, enragé. Les émotions font partie de la vie et c'est plutôt normal d'encaisser le coup lorsque nous faisons face à l'adversité. L'important est de ne pas rester dans un tel état mais de « remonter en selle » tout de suite après la chute. Ce n'est pas chose aisée et il faut une certaine dose de courage pour se relever et retrousser ses manches, mais en prenant une attitude positive et combative, on peut voir l'opportunité cachée derrière l'épreuve.

En toute occasion, bonne ou mauvaise, j'ouvre les yeux sur les opportunités que peut m'apporter la vie.

Aujourd'hui, je peux changer mon point de vue et regarder ce qui m'arrive sous un autre angle.

*Pour qu'il y ait la paix sur la terre, il faudra que
tous les êtres soient intérieurement en paix.*

CLAUDE CHÉNIER

Le bonheur d'une société dépend du bonheur
individuel de chacun de ses membres, à l'image
du corps qui ne peut fonctionner parfaitement et
être bien quand un ou plusieurs organes sont mal
en point. Et, tout comme les organes du corps
humain sont reliés et dépendent les uns des autres
pour leur bon fonctionnement, les individus qui
composent une famille, un groupe ou une société
tout entière, sont aussi responsables de leur propre bonheur que de celui des autres.

Je ne pourrais être parfaitement heureux tant
qu'il y aura de la misère et du malheur autour de
moi.

Aujourd'hui, si je travaille à mon propre bonheur, j'apporte aussi mon aide et mon soutien à
ce qui peut contribuer au bonheur des autres.

Malgré son apparente passivité, le calme demande une grande force.

Hervé Desbois

Bien souvent, les gens calmes et sereins peuvent être considérés comme apathiques ou incapables de montrer leurs émotions. Mais faut-il absolument s'énerver lorsqu'il y a une situation d'urgence, ou fondre en larmes face au chagrin des autres ? En réalité, c'est la force intérieure de ces gens capables de rester maître d'eux-mêmes qui ramènera le calme là où il y a la panique, le réconfort là où il y a la souffrance.

J'admire ceux qui sont calmes et qui restent sereins en toute occasion, car je sais qu'ils cachent une grande force et que les autres peuvent compter sur eux en cas de coup dur.

Aujourd'hui, je travaille à acquérir la force du calme.

Si la haine répond à la haine, comment la haine finira-t-elle ?

BOUDDHA

Aujourd'hui comme hier, le monde est déchiré par toutes sortes de conflits. Que ce soit entre nations ou entre frères et sœurs d'un même peuple, d'une même famille, rien ne pourra y mettre fin si ce n'est une toute nouvelle ouverture d'esprit, avec pour seule intention, la compréhension, et une seule motivation, la paix.

Je sais que je peux avoir raison, mais j'admets aussi que je peux avoir tort. Et, par-dessus tout, je mets de côté tout désir de vengeance, car je sais que ma violence envers les autres finira par se retourner contre moi.

Aujourd'hui, je serai un artisan de la paix.

Je ne trouve la paix qu'à me faire la guerre.

MALHERBE

Qu'elle se consomme chaude ou froide, la vengeance est toujours amère. Je ne peux tirer de satisfaction devant la mort ou la désolation, la douleur ou la souffrance, et j'hériterai moi-même d'une partie de ce que j'aurai causé ou encouragé. Par contre, je ressens un plaisir immense lorsque je peux rester de marbre face aux attaques ouvertes ou dissimulées de quelqu'un qui me cherche querelle. Non seulement j'ai la satisfaction d'avoir préservé la paix en n'encourageant pas le conflit, mais j'ai aussi la sensation de ressortir plus fort d'une telle situation. J'ai également plus de respect pour moi-même, et les autres aussi.

Aujourd'hui, je m'impose le silence et la réflexion là où je suis habituellement bavard et impulsif. Je bâtis la paix en travaillant sur moi-même.

La puissance du calme réside dans sa force d'inertie.

HERVÉ DESBOIS

Face à l'inébranlable force du rocher immobile, je peux m'enrager et m'emporter, ma colère ne trouve pas de prises. L'antagonisme et la colère finissent par s'épuiser et mourir devant le calme imperturbable.

Les émotions négatives se nourrissent d'émotions négatives. Si je réponds aux cris et aux injures par des cris et des injures, il s'ensuivra plus de confusion et de haine. De plus, la brutalité et la violence de mon attitude démontrent avec force ma propre faiblesse.

Dès aujourd'hui, je considère que je peux acquérir la puissance du calme par un travail quotidien sur mes émotions négatives et irrationnelles, en prenant conscience de ces moments où je ne suis plus moi-même et en les dominant un peu plus chaque jour. Je travaille à repousser ces mauvais penchants lorsqu'ils surgissent, jour après jour, petit à petit. Les premières victoires sur moi-même seront peut-être mineures, mais toute victoire sur soi est une grande victoire.

Jour après jour, je deviens maître de moi-même.

On n'a pas bâti Rome en un jour.

MIGUEL DE CERVANTES

J'ai quelquefois la hâte et la vivacité d'un enfant, trop pressé pour attendre, trop fébrile pour patienter. Je voudrais que tout arrive tout de suite, que mes rêves les plus fous se réalisent sans délai! Mais combien de fois ai-je regretté mon empressement ? Combien de fois me suis-je mordu les doigts pour ne pas avoir su calmer mes ardeurs ?

Je sais que je dois me discipliner pour me retenir d'agir trop vite. S'il ne faut que quelques secondes pour vivre un rêve, je suis conscient que cela peut prendre des mois ou des années avant d'atteindre certains buts. Je ne me décourage donc pas lorsque les événements ne semblent pas se dérouler comme je le voudrais ou à la vitesse que je voudrais.

Aujourd'hui, je décide de prendre le temps de réaliser convenablement et jusqu'au bout les projets que j'entreprends.

Une nuit sans lune ou sans étoiles ressemble à un esprit ignorant.

SAGESSE CHINOISE

Il y a tant de sujets à étudier, tant de choses à savoir, que je ne peux me permettre de passer une seule journée sans apprendre, ne serait-ce qu'un petit quelque chose. Suivre des cours du soir, assister à des séminaires, des conférences, lire un livre ou écouter des émissions à caractère culturel ou éducatif, les façons d'apprendre sont aussi multiples qu'abordables. Non seulement l'étude peut-elle m'apporter une certaine culture générale, mais elle me permet également d'acquérir des connaissances qui m'aideront à mieux comprendre certains domaines de la vie et, ainsi, être moins démuni face à ces sujets.

Le savoir est l'une des clés de la liberté. Plus j'en saurai, plus je serai fort et efficace. Je ne me contente donc pas de ce que je sais déjà, mais je cherche toujours à reculer les limites de mes connaissances.

Aujourd'hui, je vais m'intéresser et apprendre quelque chose de nouveau.

C'est déjà la richesse que d'apprendre la signification du contentement.

SAGESSE CHINOISE

La vie est parfois suffisamment compliquée pour ne pas chercher à la compliquer encore plus. Nous vivons une ère où la technologie prend une place de plus en plus importante dans notre quotidien, au bureau ou à la maison et dans les divertissements. Les grandes industries de l'électronique et de l'informatique ne cessent de nous épater avec des gadgets de plus en plus sophistiqués, et souvent de plus en plus complexes, aussi.

Pourtant, j'aime les plaisirs simples que peut m'offrir l'existence. Une petite marche dans la nature, une baignade dans l'eau rafraîchissante d'un lac, écouter de la musique en relaxant après une bonne journée de travail ou encore profiter de la chaleur du soleil en me promenant au hasard des rues de ma ville.

Aujourd'hui, je sais me satisfaire des petites choses de la vie qui font aussi de grands bonheurs.

L'eau ne reste pas sur les montagnes, ni la vengeance dans un grand cœur.

PROVERBE CHINOIS

La colère fait partie des émotions et rares sont les personnes qui ne se fâchent jamais (les anges, peut-être ?). Puisque nous pouvons souvent faire face au stress de la vie moderne, il n'est donc pas étonnant de connaître de temps à autre des sautes d'humeur qui, à l'occasion, peuvent faire des étincelles. En fait, il est quelquefois préférable de laisser sortir sa colère ou son ressentiment plutôt que de les réprimer jusqu'à ce que l'on n'en puisse plus et que l'on explose littéralement. Cependant, même si je me permets de donner libre cours à une juste émotion, je ne me laisse pas aveugler par la méchanceté ou l'esprit de vengeance.

Aujourd'hui, j'apprends à voir clair en moi pour faire la différence entre punition et vengeance, et je ne me laisse pas miner par la rancune.

Les questions sans réponses sont l'essence même du dépassement et de la recherche de soi.

ÉRIC BOUTIN

Nous savons tous plus ou moins instinctivement que notre condition dépend de nous, de ce que nous sommes, de ce que nous faisons ou ne faisons pas. Même si nous sommes parfois portés à blâmer les autres pour nos insuccès, nous savons aussi que cela ne change rien à notre situation. Nous devons donc regarder en nous-même pour trouver les causes de nos échecs et ne jamais cesser de chercher les réponses dans le savoir. D'immenses connaissances sont disponibles à qui se donne la peine de les étudier. L'homme sage n'a de cesse de se demander « pourquoi » face aux grandes et aux petites questions de la vie. Tout mystère est un voile qui vient assombrir ma vision des gens et ma compréhension du monde. Je dois donc personnellement dépasser les limites de ma suffisance, vaincre mes préjugés et trouver les vraies réponses.

Aujourd'hui, je comprends que la vie peut être une énigme, mais que chaque être porte en lui une partie de la réponse.

Les mots doivent être pesés, pas comptés.

DAVID BAIRD

Des mots qui blessent et des mots qui encouragent. Des mots de trop ou des mots refoulés, des mots qui ne veulent rien dire et des mots qui en disent trop, des mots à double sens et des mots empoisonnés, des mots doux et des mots magiques. Les mots que l'on dit sont porteurs de nos intentions et de ce que nous sommes.

Le langage porte en lui les richesses et les mystères de nos civilisations. Grâce à lui, nous pouvons communiquer nos sentiments et nos désirs, mais aussi la connaissance aux générations qui tiendront bientôt le flambeau de l'humanité. Les mots nous permettent aussi d'acquérir pour nous-même le savoir du présent et des siècles passés. Un même mot, s'il peut avoir plusieurs sens, a certainement une histoire qu'il est bon de connaître, une histoire qui nous en apprendra beaucoup sur lui-même et sur nos ancêtres.

Aujourd'hui, j'apprends le vrai sens des mots et j'utilise le langage à bon escient afin que mes paroles soient porteuses de paix et d'harmonie.

Chanson de l'eau
Dans les roseaux
Musique du repos

HERVÉ DESBOIS

La musique m'emporte dans un monde invisible où je me sens chez moi. Si je le veux, je m'accroche aux ondes musicales qui envahissent mon espace comme autant de rubans multicolores tombés du ciel. Je me laisse bercer et conduire à la fois, je découvre des univers de sensations nouvelles où la matière n'existe pas, où je me sens léger comme un souffle de vent. Je suis totalement bien dans un nouveau présent, une nouvelle dimension que mes yeux ignorent habituellement. Je ne ressens plus l'attraction de la terre, pas plus que mon corps dont je semble être libéré.

La musique est une porte grande ouverte sur l'univers spirituel, là où les âmes voyagent en liberté dans un ciel éternellement beau, un univers où coulent les sources inépuisables de l'esthétique et de l'art.

Aujourd'hui, je m'ouvre aux bienfaits de la musique qui apporte paix et harmonie dans ma vie.

La vraie misère est la misère de l'âme.

AMADOU KONÉ

Si mon cœur était une représentation de l'univers physique, serait-il une fleur ou une pierre ? Si je devais prendre l'apparence d'un animal, serais-je une colombe ou un serpent ? Qu'est-ce que je symbolise aux yeux de ceux qui m'entourent, ceux qui me connaissent bien et les autres qui ne font que me côtoyer ? Quels sont mes principales préoccupations, mes buts et mes accomplissements ? Est-ce que je peux être fier de moi et de ce que je cause autour de moi ? Est-ce que ma vie pourrait être un grand livre ouvert sans que j'aie à en rougir ? Indépendamment de mes richesses et de ma réussite professionnelle, suis-je quelqu'un de valable pour ma famille, mes amis, mes collègues et la société dans laquelle je vis ?

Aujourd'hui, je m'attarde à savoir ce que je suis vraiment, j'ose regarder la couleur de mon âme et je prends les bonnes décisions pour gagner la vraie richesse.

Bourrasque d'été
Les nappes de papier blanc
Sur la table s'envolent

HAÏKU DE SHIKI MASAOKA

La chaleur de l'été agit sur moi comme une étreinte et j'aime me laisser aller à la farniente une fois de temps à autre, à une paresse éphémère, oubliant pour un temps la routine et les soucis quotidiens.

J'aime aussi les pique-niques improvisés en toute simplicité, un beau matin de fin de semaine. Nous nous levons alors que le soleil est déjà chaud, malgré l'heure matinale et, entre deux gorgées de café, nous décidons que cette journée sera une escapade à la campagne. Quelques provisions vite préparées, et nous voilà sortis de la ville, roulant sans but sur une petite route rurale, goûtant sans retenue le plaisir que procure le dépaysement.

Aujourd'hui, je décide de briser la routine quotidienne en me réservant des moments de détente improvisés.

Gardez votre calme ; la colère n'est pas un argument.

DANIEL WEBSTER

Peu de gens sont capables de faire face à la colère sans broncher. En fait, si la colère entraîne des réactions diverses chez ceux qui y font face, elle apporte rarement les effets désirés. Par contre, il peut arriver que nous voyions dans la colère un bon moyen pour sortir quelqu'un de sa torpeur ou susciter chez lui un changement de comportement.

Cependant, je connais l'effet désagréable que peut causer la colère pour en avoir déjà été moi-même la victime. La vie nous apporte quotidiennement toutes sortes de « bonnes raisons » pour nous emporter, et s'il est possible qu'une colère soit justifiée, il n'en reste pas moins que c'est une arme qui peut se retourner contre nous. De plus, si une « petite crise » a déjà permis de progresser, il n'est pas dit qu'une autre méthode n'aurait pas apporté les mêmes résultats.

Aujourd'hui, j'envisage toute autre alternative à la colère pour résoudre les problèmes ou les conflits qui se présenteront à moi.

Il n'existe pas de punitions, seulement des conséquences.

LOI DU KARMA

Si je peux voir la vie comme un grand jeu dans lequel chacun fait avancer ses pions selon ses propres décisions, où chacun dirige sa destinée selon ses propres intentions et buts, alors je verrai dans mon bonheur comme dans mes échecs le résultat de ma propre volonté.

Même si je suis conscient que la vie sur terre peut être complexe et difficile à comprendre, je peux reconnaître ma causalité et admettre ma responsabilité dans ce qui arrive dans ma propre vie et autour de moi, le bon comme le reste. Si je dépends de mes jambes pour avancer ou reculer, je dépends de mes pensées pour progresser ou régresser. Si je reconnais les conséquences de mes actes dans ma vie, alors je peux modifier mes décisions et changer mon attitude au besoin.

Le ciel ne punit pas, il ne fait que nous renvoyer l'image de nous-même.

Aujourd'hui, je suis conscient de ma liberté de choix dans ce que je suis et ce que je fais.

La patience est l'art d'espérer.

VAUVENARGUES

Il faut beaucoup de courage pour admettre ses torts et ses faiblesses, mais fort est l'individu qui y parvient et qui prend les moyens pour progresser. Comme on ne devient pas professionnel ou maître de son art en un jour, il faut s'armer de patience lorsqu'on décide d'apporter des changements dans sa vie. Espérer n'est pas attendre. Patienter n'est pas ne rien faire. Nous devons donc agir si nous voulons récolter. Mais une fois que la graine est semée, il nous faut savoir en prendre soin quotidiennement et ne jamais désespérer de la voir germer puis grandir.

La volonté de changer en mieux fait partie de moi, et j'y travaille assidûment, jour après jour, sans céder au découragement.

L'amour, c'est le calme et la confiance.

THÉRÈSE TARDIF

La confiance est l'ingrédient premier et essentiel dans toute bonne relation, c'est les fondations sur lesquelles repose tout l'édifice de l'amour, du bonheur ou des affaires. Si je fais confiance à mon enfant, alors il mettra sa confiance en moi. Si mes partenaires en affaires peuvent compter sur moi et réciproquement, alors il n'y aura jamais d'orages entre nous.

L'amour est calme quand il existe une confiance totale entre les partenaires. Si j'ai l'esprit libre de toute inquiétude, alors je peux mettre toute mon énergie dans le présent et l'avenir.

La confiance, comme l'amour, se gagne et se mérite.

Aujourd'hui, je serai aussi fiable et loyal que moi-même je peux l'exiger des autres.

Au-delà du mensonge
Se cache la vérité
Ses racines plongent
Au cœur de la simplicité
À chacun de la trouver

HERVÉ DESBOIS

Les réponses les plus simples peuvent résoudre les problèmes les plus complexes. Souvent, nous vivons des situations qui semblent sans issue, comme si toute l'apparente complexité de l'univers s'interposait entre nous et la solution.

C'est peut-être ma faiblesse à regarder la vérité en face qui m'empêche de voir les choses telles qu'elles sont, ou peut-être ne sont-elles recouvertes que d'un mince tissu de mensonges qu'il me faudra ôter.

Si je parviens à reconnaître le mensonge où il est, je saurai voir les événements dans toute leur simplicité.

Aujourd'hui, je m'interroge sur la validité de ce que je lis ou j'entends, à la recherche de la simple vérité.

Le calme, la quiétude sont choses qui dépendent plus des dispositions intérieures de l'esprit que des circonstances extérieures, et l'on peut les goûter même au milieu d'une apparente agitation.

ALEXANDRA DAVID-NEEL

Nous sommes tous plus ou moins capables de maîtriser nos émotions, de la même façon que nous pouvons décider en toute connaissance de cause de ne pas nous laisser affecter par un film, en le regardant d'un œil détaché.

Ainsi, je peux choisir de ne pas être influencé ni dérangé par le mouvement extérieur en trouvant le calme à l'intérieur de moi. Tout comme je peux me concentrer pour gagner en rapidité et en efficacité, je suis à même de créer le phénomène inverse et installer en moi un sentiment de sérénité.

Je fais le vide en canalisant mon attention sur le moment présent, en étant conscient de tout ce qui se passe autour de moi, comme si j'étais un spectateur attentif, mais étranger, au spectacle de la vie.

Aujourd'hui, je décide d'agir avec calme, peu importe les urgences auxquelles je pourrais faire face.

Nous sommes parfois pareils à de frêles bateaux perdus en pleine tempête.

HERVÉ DESBOIS

Ce n'est peut-être pas facile de rester serein dans un monde dominé par la vitesse et la compétition, de garder sa confiance quand on doit toujours faire plus et mieux en moins de temps, il y a pourtant un équilibre que je dois trouver pour être heureux.

Malgré les défis quotidiens, je peux décider de porter mon attention sur les aspects positifs de la vie. C'est mon attitude et mon point de vue qui déterminent la couleur de ce qui m'entoure, car je sais que tout événement apporte sa leçon. Que je connaisse l'échec ou la réussite, je peux en tirer les conclusions qui m'aideront à m'améliorer et à progresser.

Aujourd'hui, je m'efforce de trouver le bon côté de la vie dans tout ce qui fait dans mon quotidien.

La sérénité est une conquête.

ANDRÉ MAUROIS

Comme l'enfant tombe et tombe encore avant de trouver l'équilibre sur ses deux jambes, je dois m'appliquer jour après jour afin de trouver mon propre équilibre. J'ai besoin d'action et de distractions, de défis et de victoires, d'activités et de calme. Si je connais l'insuccès, je veux être capable de le vivre avec philosophie et puis trouver le chemin du succès.

La vie peut quelquefois ressembler à une montagne qu'il me faut escalader sans me dérober, d'autres fois à un gouffre que je dois franchir sans faillir. Atteindre la sérénité demande une force toute aussi grande, une force intérieure qui se nourrit de beauté et d'infini, d'esthétique et de spiritualité.

Comme je dois mériter l'amour et l'amitié, gagner mon bonheur et mon épanouissement, je travaille chaque jour pour conquérir mon équilibre intérieur, ma sérénité.

Pour chaque cause, il y a un effet. Pour chaque effet, il y a une cause.

HERVÉ DESBOIS

Tout ce que je fais a un impact autour de moi et je ne peux me dissocier des effets que je cause dans mon environnement. Bien que nous ayons tous notre caractère et notre passé qui ont produit ce que nous sommes aujourd'hui, mes actions ou mes omissions, mes paroles comme mes silences, influenceront le présent des gens que je côtoie. Ma patience, mes sourires, mes encouragements et mon dynamisme apporteront certainement leur dose de réconfort dans ma vie familiale comme dans ma vie professionnelle.

De façon similaire, ce qui m'arrive personnellement n'est jamais le fruit du hasard. On a beau parler de destin, de chance ou de malchance, tout peut être relié à une cause, que cela vienne de moi ou d'ailleurs.

Aujourd'hui, je veux être un maillon solide de la grande chaîne de l'humanité, je prends conscience des effets que je peux causer dans tous les aspects de ma vie.

Gardons l'esprit libre, c'est l'unique quiétude, la vraie, la seule vraie.

CLAUDE JASMIN

Quelquefois, j'entends des gens dire à quel point leur bonheur dépend de ceci ou de cela, que s'ils avaient tel pouvoir ou telle fortune ils seraient certainement les gens les plus heureux de la terre. Il existe pourtant des personnes plutôt bien pourvues en possessions matérielles et qui sont malgré tout malheureuses, ce qui laisse à penser que le bonheur dépend plus de ce que l'on est que de ce que l'on a.

Je sais que les possessions matérielles, aussi utiles et belles soient-elles, ne sont que des artifices qui m'apporteront peut-être plaisir ou contentement, mais pas le bonheur.

Aujourd'hui, je prends le temps de faire le point et de faire le ménage dans ma vie afin de garder l'esprit libre.

Paix et tranquillité, voilà le bonheur.

Proverbe chinois

Bonheur et sérénité vont de pair, comme le ciel et le soleil, la nuit et l'étoile : les uns ne brillent pas sans les autres. Pour connaître le bonheur, il nous faut connaître la paix intérieure.

Je me rappelle de ces bêtises que je faisais, enfant, et de la honte que je ressentais une fois que j'avais pris conscience de mes actes. J'aurais voulu m'enfoncer dans le sol et me cacher pour l'éternité ! On me demandait alors de faire mon examen de conscience, surtout lorsque je filais un mauvais coton et que la vie me semblait moins belle.

Encore aujourd'hui, je dois avoir le courage de faire cet examen de conscience, faire mon autocritique, et prendre les décisions qui s'imposent pour connaître la paix.

Comment serais-je inquiété si je n'ai rien à me reprocher ? Comment puis-je être tourmenté si j'ai la paix en moi ?

Aujourd'hui, je fais ce qu'il faut pour faire briller mon bonheur.

Avant de vous fâcher contre quelqu'un, faites l'effort de vous mettre à sa place et essayez de le comprendre.

HERVÉ DESBOIS

Tant qu'il y a de la compréhension entre les êtres, il y a de l'harmonie. Bien des facteurs peuvent nous empêcher de comprendre quelqu'un, mais nous pourrions résumer cela à ce que nous sommes ou non capables d'accepter.

Si je fais l'effort de me mettre à la place de l'autre afin de comprendre le pourquoi de ses actes ou de ses paroles, alors mon point de vue changera et j'aurai la possibilité de voir les choses sous un angle nouveau. Que je sois d'accord ou pas avec ce que j'entrevois n'est pas important, l'essentiel étant une meilleure compréhension de l'autre, donc un plus grand respect pour lui.

Une vie harmonieuse est faite de compréhension et d'harmonie.

Aujourd'hui, je fais l'effort de voir au-delà de mes propres idées.

Combattez contre vous-même, vous acquerrez la tranquillité de l'âme.

PROVERBE ORIENTAL

Le chemin vers la liberté de l'esprit est une route sinueuse parsemée de pièges et de dangers. À coups de trahison et de lâcheté, nous forgeons nous-même les chaînes qui nous emprisonnent.

Chaque pas que je fais dans la vie doit être orienté vers mon propre bonheur mais aussi vers celui des autres. Si les autres font partie de notre bonheur, ils n'en sont pas la cause directe. Le meilleur moyen d'atteindre la paix de l'âme est une lutte de chaque instant contre mes faiblesses, car chacune d'elles est un talon d'Achille par lequel le malheur peut m'atteindre.

Je fais en sorte que le remords et la honte ne soient pas en moi, pas plus que le ressentiment ou la haine. Comme le ciel qui se couvre doit se vider de ses nuages pour que le soleil brille de nouveau, j'essaie de n'accumuler aucun nuage dans ma propre vie.

Aujourd'hui, j'acquiers ma tranquillité d'esprit en luttant contre moi-même et en cherchant à être plus fort que mes mauvais penchants.

Un pont jamais traversé est comme une vie jamais vécue.

SAGESSE CHINOISE

L'inconnu a toujours fait peur, dans l'antiquité comme aujourd'hui. C'est comme une porte que l'on craindrait d'ouvrir de peur de ce qu'elle peut cacher.

Qui sait toutes les beautés à côté desquelles je suis passé sans jamais les voir .

Qui sait toutes les richesses que j'ai manquées à cause de mon manque de courage .

Qui sait ce que je serais et ce que je ferais aujourd'hui si j'avais osé aller jusqu'au bout de mes rêves .

Aujourd'hui, je ne craindrai pas la nouveauté, je ne craindrai pas d'ouvrir les portes de mon esprit à l'inconnu. Il n'est jamais trop tard pour aller de l'avant et faire de nouvelles expériences et de nouvelles découvertes.

Lequel est le plus beau ? Le mouvement du félin ou son calme ?

ELIZABETH HAMILTON

Voyez-vous ces tigres et ces lions, ces panthères et ces pumas, tout en puissance et en finesse, en grâce et en majesté ? Ils semblent être habités d'une force qui les rend majestueux, mais ils dégagent en même temps un calme mystérieux.

Comme chez le félin, ma force est intérieure, elle réside dans mon aptitude à voir la vie avec confiance et sérénité. Parce que je cherche à toujours mieux comprendre la vie et les gens, je travaille à acquérir un peu plus chaque jour un savoir qui me rend confiant et sûr de moi.

Je veux trouver les réponses aux pourquoi et aux comment de l'existence, parce que je sais que les connaissances sont l'ingrédient principal de la certitude et du bien-être de l'esprit.

Dès aujourd'hui, je veux acquérir la puissance et le calme de la sagesse en apprenant la grâce et le pouvoir de la connaissance.

Qui maîtrise son art n'a rien à craindre.

HERVÉ DESBOIS

Je reste sans voix devant celui qui accomplit son art sans effort et en toute quiétude. J'admire le sculpteur qui manie le ciseau pour faire vivre la pierre ou le bois, le peintre qui mélange les couleurs et fait surgir la vie de sa toile, ou le cordonnier qui taille et travaille le cuir avec adresse, l'ébéniste qui semble caresser le bois plutôt que de le travailler.

J'admire tout autant le professeur dont les élèves sortent de classe épanouis et souriants, le consultant qui aide son client à trouver les meilleures solutions ou le conseiller qui comprend et aide vraiment ceux qui demandent son aide.

Toute activité humaine demande un niveau de compétence qui ne s'acquiert que par l'étude et la compréhension, l'apprentissage et l'expérience. Mes modèles sont ceux qui excellent. Je m'imprègne de leur maîtrise afin de moi-même tendre vers l'excellence et devenir un modèle à mon tour.

Aujourd'hui, je recherche l'excellence en donnant le maximum de moi-même.

La tranquillité de l'âme provient de la modération dans le plaisir.

DÉMOCRITE

Les plaisirs de l'existence ont un double aspect, comme une médaille a son revers. Ils sont un baume sur les jours sombres, ou une récompense pour le travail accompli. Consommés en excès, ils peuvent néanmoins devenir sources de malheur. Nos sociétés modernes sont remplies de pièges de toutes sortes et nous devons être vigilants pour les éviter. Je suis conscient que tout ce à quoi je ne peux dire non est un de ces pièges que ma propre faiblesse peut encourager. J'exerce donc ma volonté en restant aux aguets sans pour autant tomber dans l'excès inverse.

Aujourd'hui, je profite des plaisirs de la vie pleinement mais sans abus. C'est ma façon de dire oui à la vie.

Nous avons gaspillé nos richesses car nous nous sommes laissé aveugler par l'attrait de les avoir au détriment de notre bien-être intérieur. Paraître devient plus important qu'être.

DANIEL VRANCKX

Parce que je porte en moi le poids de mes faiblesses et la puissance de mes qualités, je suis un être totalement unique. Je n'ai pas honte de ce que je suis ni de qui je suis, et je ne cherche pas à jouer un rôle pour plaire aux autres ou les impressionner. Chaque jour je profite donc de la chance que j'ai de vivre pour travailler à corriger mes faiblesses et travailler mes forces.

Même si la vie ressemble parfois à une gigantesque pièce de théâtre, le meilleur rôle que je puisse jouer est encore le mien. Si je veux être, je dois être vrai.

Aujourd'hui, je suis capable de me remettre en question en considérant objectivement mes façons d'être et de faire.

Si l'avenir vous inquiète, regardez ce que vous avez déjà accompli. Cela vous tranquillisera peut-être.

HERVÉ DESBOIS

C'est une bonne chose que d'être exigeant envers soi-même. En vérité, nous devons exiger de nous-mêmes ce que nous exigeons des autres. Cependant, il faut savoir s'encourager et se féliciter soi-même pour tout le chemin parcouru.

Si je travaille sans relâche pour atteindre mes buts, je dois quelquefois relever la tête pour me rendre compte du travail accompli. Je peux être dur avec moi-même et m'imposer une discipline de fer si je le veux, mais je dois savoir aussi me féliciter dans la même mesure. Et, si j'ai parfois l'impression de faire du surplace, il me suffit de regarder où j'en étais il y a une semaine, un mois ou un an pour m'apercevoir que je suis sur le bon chemin.

Aujourd'hui, je me félicite de ce que j'ai accompli.

La plus grande sagesse humaine est de savoir plier son caractère aux circonstances et de se faire un intérieur calme en dépit des orages extérieurs.

DANIEL DEFOE

Comme la brume nous cache parfois le soleil et noie le paysage sous son voile, notre esprit peut être encombré par les soucis de la vie. Lorsque je suis stressé ou bousculé dans mon quotidien, les décisions peuvent devenir plus difficiles à prendre.

Si je m'accorde des moments de répit dans ma journée, des moments zen où je m'efforce de faire le vide dans mes pensées, je peux me rebrancher avec moi-même et reprendre ainsi le contrôle de mon raisonnement. Souvent, quelques minutes de calme total sont suffisantes pour dissiper l'agitation qui m'habite, comme si je prenais une grande bouffée d'oxygène.

Quand la brume se lève, le paysage semble reprendre vie sous le soleil et tout devient plus clair.

Aujourd'hui, je me réserve des moments zen pour clarifier ma pensée.

On jouit de la solitude seulement quand on est en paix avec soi-même.

SAGESSE CHINOISE

Je peux m'extasier devant un beau coucher de soleil, perdre mon temps à regarder la rivière couler, m'amuser du manège des hirondelles, rire comme un enfant en me roulant dans l'herbe fraîche.

Je multiplie les occasions de me moquer du temps qui passe, je n'hésite pas à perdre mon sérieux, à m'amuser d'un rien, à laisser éclater ma joie et mon amour pour ma famille et mes amis, pour la nature et la vie.

Chaque jour porte en lui les semences du bonheur. Chaque jour est un hymne à la vie qu'il nous est donné de voir et d'entendre si nous nous le permettons.

Aujourd'hui, j'ouvre tout grand mes yeux, mes oreilles et tous mes sens, je reste à l'affût des beautés du monde.

Aujourd'hui, je me laisse surprendre par tout ce que peut m'apporter la vie.

La vieillesse apporte une lucidité dont la jeunesse est bien incapable et une sérénité bien préférable à la passion.

MARCEL JOUHENDEAU

Nous avons tous quelque chose à apprendre des autres, les hommes des femmes, les anciens des jeunes, et inversement. Chaque période de la vie possède ses propres richesses qu'il est bon de partager avec les autres, à l'image des parents qui découvrent leur enfant jour après jour, et qui grandissent avec lui.

Le vieil homme m'apporte la sagesse de son expérience, l'adolescent me transmet sa spontanéité et son énergie, et l'un et l'autre ont des trésors qui viennent fleurir ma créativité. Les rêves et les déceptions de chacun sont porteurs de messages et de leçons que je peux mettre à profit dans ma propre vie.

Aujourd'hui, je m'ouvre sur les autres, peu importe leurs origines et leur vécu. Je m'enrichis de leur savoir et de leur dynamisme.

Il est parfois préférable de faire marche arrière, pour mieux avancer ensuite, plutôt que de s'énerver et de se lamenter sur un échec.

HERVÉ DESBOIS

S'il est une maxime que je dois écrire en lettres d'or au-dessus de mon bureau, c'est : « Sois fidèle à tes buts .» Peu importe ce qu'ils sont, mes buts sont comme une étoile dans la nuit, un repère que je ne perds jamais de vue, surtout si le découragement me prend.

Même si j'ai l'impression de ne pas avancer ou de me perdre en chemin, il me suffit de regarder vers mon but pour savoir où j'en suis réellement.

Si j'ai quelquefois le sentiment d'être dans une impasse, je dois alors puiser dans mes réserves de confiance pour ne pas succomber au découragement. Si je reste calme et inébranlable dans ma détermination, mon esprit reste clair et les solutions semblent se présenter d'elles-mêmes, tôt ou tard.

Quelles que soient les circonstances, je reste calme et déterminé dans la poursuite de mes buts.

Si on cesse de se prendre la tête et qu'on se laisse porter par son influx positif, façon zen, des solutions apparaissent.

HELEN FIELDING

Ce n'est pas toujours facile d'avancer sereinement dans la vie. Même si nous sommes habités d'une patience infinie et d'une détermination de fer, il y a de ces périodes où tout semble se liguer contre nous pour nous faire échouer, comme si l'univers physique au grand complet s'opposait à nos plans.

Si je suis fidèle à mes objectifs et que je travaille à les atteindre sans faillir, je reste toutefois capable de modifier et d'adapter mes actions au besoin. Chaque revers, chaque embûche porte son message et sa leçon, et je sais les accepter avec sagesse pour en tirer profit.

Plutôt que de me plonger dans la colère ou l'abattement, les difficultés que je rencontre sur mon chemin renforcent ma patience et ma détermination.

Aujourd'hui, je reste ouvert aux messages de la vie et souple dans mes décisions et ma façon de mener mes affaires.

Ne pousse pas la rivière, elle coule d'elle-même.

DAVID BAIRD

Il m'arrive parfois de sentir la vie bouillonner en moi plus fort qu'à l'habitude, comme emporté par une passion soudaine. Je voudrais que tout aille plus vite et je me surprends à bousculer les autres autour de moi. Malgré l'ardeur qui m'habite, je dois pouvoir contrôler mes sentiments et apprendre à ralentir quand il le faut.

La puissance peut être dans l'action, comme elle peut être dans l'attente intelligente. J'apprends à accélérer au bon moment et à ne rien faire quand il le faut. Si je ne crains pas l'action, je ne crains pas non plus de m'arrêter, car je sais être patient, comme la nature attend les jours meilleurs pour faire fondre les glaces.

La sève attend le printemps pour se répandre dans les branches, et moi j'apprends à contrôler mon énergie pour donner vie à mes projets.

Demeurer immobile, à écouter, c'est la tranquillité de l'axe au centre de la roue.

CHARLES MORGAN

La vie est rarement immobile. À l'instar de la nature qui connaît une mutation lente et constante, l'être humain est une espèce qui semble ne jamais vouloir s'arrêter. Chaque jour ressemble à une course contre la montre pour ne pas perdre de temps, pour gagner sur le temps. Du réveil au coucher, nous faisons mille et une choses, automatismes maintes fois répétés, routines tellement connues qu'on finit par les oublier. Et même dans notre sommeil, nous sommes souvent visités par des rêves qui semblent avoir le pouvoir de nous réveiller.

Et si tout le monde s'arrêtait, ne serait-ce qu'une minute, est-ce que la terre cesserait de tourner ? Et si moi je m'arrêtais pour respirer quelques instants, est-ce que le monde cesserait de vivre pour autant ?

Même si je suis un être unique, irremplaçable et essentiel au bon fonctionnement d'un bureau ou d'une équipe de travail, j'ai besoin de me recentrer, comme la roue sur son axe, car je suis la roue et je suis l'axe, je tourne et je fais tourner.

Aujourd'hui, je m'impose des moments de répit, peu importe l'agitation qui m'entoure, car ils sont mon oxygène spirituel.

*Patience et longueur de temps font plus que force
ni que rage.*

JEAN DE LA FONTAINE

Nos vies semblent s'articuler autour du
temps : nous en manquons, nous ne savons qu'en
faire , nous devons agir sans en perdre, nous
devons au contraire ne rien hâter et prendre tout
notre temps.

L'animal pris au piège resserre un peu plus
les mailles du filet sur lui à force de se débattre.
Si je dois parfois agir avec force et détermination
pour vaincre les obstacles, il me faut reconnaître
les vertus de l'attente et de la patience lorsque
c'est nécessaire.

La force, et encore moins la rage, ne sont une
marque d'intelligence. Si je suis plus fort que ma
frustration et que je prends le temps d'observer et
de comprendre, les solutions se présenteront à
moi aussi sûrement qu'il y a un jour après la nuit.

Aujourd'hui, je fais du temps mon allié et
j'apprends à m'en servir avec sagesse et efficacité.

Ceux que l'on appelait rêveurs hier sont les bâtisseurs d'aujourd'hui.

HERVÉ DESBOIS

Dans les temps anciens, l'univers spirituel était considéré bien au-dessus de l'univers matériel, tellement que ce dernier n'était qu'un outil et un moyen pour faire progresser et atteindre les buts du premier.

Le XXe siècle nous a apporté découvertes scientifiques et progrès technologiques extraordinaires, tant et si bien que la matière prend maintenant toute la place et le que cerveau a supplanté l'âme. Pourtant, il a fallu quelques « rêveurs illuminés » pour que se bâtissent les villes et que progressent nos sociétés. Et le rêve est d'un autre monde, de ce monde où naissent *La Joconde* et *L'hymne à la joie*, L'*Empire State Building* et les ordinateurs.

J'obtiens ce dont je rêve, et aucun rêve n'est trop grand si je le veux vraiment. Avant de bâtir, il me faut rêver, avant de faire, il me faut être.

Aujourd'hui, je prends le temps de bâtir ma vie en ne faisant rien d'autre que rêver.

*Aucun bonheur n'est possible dans l'ignorance,
la certitude seule fait la vie calme.*

ÉMILE ZOLA

Regardez un maître à l'œuvre. Quel que soit son art, tout paraît simple. Celui qui sait ne connaît pas l'inquiétude ; celui qui possède son art en a le savoir et il ignore le doute.

Si je veux être à la hauteur des attentes de ceux qui me font confiance, je travaille à perfectionner le moindre de mes gestes jour après jour, car je sais que tout change et que tout évolue. Si je sais reconnaître et applaudir le bon travail des autres et le mien, je suis tout aussi capable de remettre en question objectivement ce que je fais.

La sérénité passe par le savoir. C'est à moi seul de tracer la route pour y parvenir.

Aujourd'hui, je prends les moyens d'acquérir la certitude dans mon travail.

La sérénité, c'est l'absence de doute.

JEAN-MICHEL WYL

C'est un fait bien connu que nous avons peur de ce que nous ne connaissons pas. N'importe quel mystère nous attire et, en même temps, nous effraie. Face à un adversaire, je resterai serein si je connais sa stratégie, mais le jeu deviendra vite sans intérêt dans de telles conditions. Je dois donc trouver ma certitude en moi, dans mes aptitudes et mes connaissances que je m'efforce d'élargir chaque jour.

Je suis conscient que la vie renferme nombre de mystères et qu'elle est un mystère en elle-même. Pourtant, je ne crains pas de chercher les réponses où qu'elles se trouvent. La matière explique la matière, la spiritualité explique la spiritualité.

Aujourd'hui, je cherche à comprendre et à faire la lumière en refusant les réponses toutes faites et en tirant moi-même mes propres conclusions.

Si quelqu'un se fâche après vous, ne lui deman-
dez pas de rester calme, contentez-vous de rester
calme.

HERVÉ DESBOIS

La colère est peut-être l'émotion la plus difficile à affronter. Peu importe qui est en face de
nous, la plupart du temps nous sommes démuni
devant les éclats de voix d'une autre personne.
Pourtant, instinctivement, nous sommes porté à
demander à l'autre de se calmer et, souvent, sans
même savoir le pourquoi de sa colère. Dans la
plupart des cas, la règle d'or est de garder son
calme.

Selon mon attitude, je vais contribuer à éteindre la colère ou à l'accentuer. Ce n'est pas en se
jetant à l'eau que le pêcheur ramènera son bateau
à bon port. Aussi, malgré la tension et l'énerve-
ment, je fais l'effort de ne pas me laisser impli-
quer dans la colère de l'autre.

Aujourd'hui, je décide de garder ma lucidité
et ma sérénité malgré les émotions négatives qui
peuvent m'entourer.

Il faut recevoir les calomnies avec plus de calme que les cailloux.

ANTISTHÈNE

Certaines personnes se complaisent à répandre rumeurs et ragots, quand d'autres s'efforcent de faire avancer les choses en encourageant et en stimulant les gens autour d'elles.

De tout temps, on a toujours suspecté que la justification était un aveu de culpabilité. S'il est vrai que le mensonge et la calomnie peuvent susciter la colère, je m'efforce de prendre la chose avec calme lorsque cela est dirigé contre moi, car en réagissant négativement, je donne du crédit aux racontars et je fais gagner les mauvaises langues. Mais si je reste calme face aux attaques et que je me contente de les ignorer ou, au besoin, d'apporter des faits qui exposent la vérité, le poison du mensonge finira par étouffer celui qui l'a proféré.

Aujourd'hui, je prends conscience que mon arme contre le mensonge est la vérité. Mon arme contre la calomnie est le calme serein d'une conscience claire.

Apprenez à écouter, ou alors votre langue vous rendra sourd.

DAVID BAIRD

À force de trop parler, on finit par s'écouter soi-même et par ne plus entendre les autres. Ce que j'ai à dire est certainement aussi important que les communications des gens avec qui je vis, mais pourquoi déjà penser à ma prochaine phrase quand l'autre s'exprime, ou faire de longs discours quand quelques mots bien choisis peuvent tout dire ?

L'intérêt du dialogue réside dans l'échange des idées et j'ai des trésors à découvrir dans l'écoute, peu importe les richesses que je pense moi-même pouvoir apporter dans mes conversations avec les autres.

Si nous avons une langue pour parler, nous avons deux oreilles pour écouter, et c'est peut-être là un message du créateur pour nous rappeler l'importance des unes par rapport à l'autre.

Aujourd'hui, j'apprends à me taire pour découvrir les richesses de l'écoute.

On atteint la sagesse en apprenant quand retenir sa langue.

PROVERBE CHINOIS

La futilité des paroles expose la médiocrité de celui qui les prononce. Il vaut donc mieux ne rien dire lorsque l'on n'a rien à dire ou que l'on ne sait que dire. Ainsi, je préfère avouer mon ignorance, ou mon absence d'opinion sur un sujet, plutôt que d'affirmer n'importe quoi, ne serait-ce que pour avoir quelque chose à dire.

Que ce soit au travail ou en société, il y a toujours des individus qui ne demandent qu'à exprimer leurs idées. Une écoute attentive de ce qu'ils ont à dire me permettra certainement d'en savoir plus sur ces gens et ainsi me faire une opinion sur leur valeur réelle. Cela m'évitera peut-être aussi de dire des sottises si j'ai tendance à parler trop vite.

On dit que la rareté d'une chose en fait sa valeur. Si je limite mes interventions dans les conversations pour mieux écouter les opinions des autres, je fais place à une plus grande réflexion personnelle et probablement que l'on respectera plus mes opinions.

Plus j'apprends à retenir ma langue, plus j'apprends la valeur du raisonnement.

Pensez avant de parler, mais ne dites pas tout ce que vous pensez.

SAGESSE CHINOISE

Il y a quelque chose d'agréable et de gratifiant à connaître des informations que d'autres ignorent, et il est tout aussi difficile de ne rien dire lorsqu'on a une opinion sur une personne ou un sujet quelconque. Pourtant, il vaut mieux parfois retenir ce que l'on sait, même si les mots nous brûlent la langue.

Je ne cherche pas à cacher la vérité, pas plus que je ne veux dire de mensonges, mais je dois reconnaître les opportunités de me taire afin de ne pas blesser ou nuire. Si je fais de la vérité une priorité dans ma vie, je suis conscient qu'elle peut également être une arme dangereuse en certaines occasions, et si ne rien dire peut parfois être néfaste, trop en dire ou choisir le mauvais moment peut être encore plus désastreux.

Aujourd'hui, je fais preuve de discernement dans mes communications avec les autres.

Tu as ouvert en moi ce que je ne connaissais pas,
et je souris.

HERVÉ DESBOIS

À deux, nous sommes plus forts. À deux, nous sommes plus beaux. À deux, nous ne faisons qu'un. Ami ou mari, épouse ou confidente, frère ou collègue, j'ai besoin d'une âme sœur pour m'aider à cheminer dans la vie. J'ai besoin d'une épaule pour reposer ma tête fatiguée, d'une oreille attentive pour écouter mes bonheurs et mes misères, mes histoires et mes angoisses, j'ai besoin d'un sourire pour remplacer le soleil absent, j'ai besoin de ton rire pour réchauffer mes soirs de cafard ou partager mes joies.

Aujourd'hui comme hier, les liens de l'amour et de l'amitié occupent une place prépondérante dans ma vie.

*C'est magnanimité que de supporter avec calme
le manque de tact.*

DÉMOCRITE

Le soleil ne s'occupe pas des brumes qui
recouvrent la terre au petit matin, il ne fait que
briller et elles s'évaporent.

Si parfois je suis moi-même la cause des
nuits qui obscurcissent mes jours, je peux aussi
être le soleil qui étend ses rayons tout autour de
moi et efface ainsi les ombres qui cherchent à
m'atteindre.

Il est souvent difficile d'accepter la vulgarité
et l'indélicatesse sans sourciller, puisque ce genre
d'attitude crée habituellement une réaction de
protestation ou d'indignation presque instantanée. Il n'en reste pas moins que la meilleure arme
contre ces comportements est encore de les
ignorer, comme le soleil brille en ignorant les
brumes, sinon, c'est donner prise à la grossièreté
et cela ne fait que l'amplifier.

Je ne suis peut-être pas un modèle de conduite en toutes circonstances, mais je reconnais
ces occasions où moi-même je manque de tact et
je me corrige.

Aujourd'hui, j'accueille l'inconvenance avec
un sourire tranquille et bienveillant.

Faciles à voir sont les fautes d'autrui ; celles de soi sont difficiles à voir.

BOUDDHA

Si nous pouvions nous regarder comme nous regardons les autres, nous serions probablement moins critique et plus tolérants à leur endroit.

S'il m'est facile de voir l'écart de conduite du collègue de travail ou de la voisine, qu'en est-il de mes propres travers ? Si je peux juger du comportement et de la conduite des autres, puis-je avoir le même regard pour moi-même ?

Aujourd'hui, pourtant, je peux développer le réflexe de faire mon autocritique lorsque je me surprends à critiquer un autre. Dès que je suis conscient d'un défaut chez quelqu'un, je devrais pouvoir m'interroger moi-même et observer ce que je suis et ce que je fais réellement avant de critiquer cette autre personne.

Aujourd'hui, je remets en question mes propres comportements lorsque je m'apprête à critiquer les comportements d'autrui, c'est encore le meilleur moyen de me connaître et d'améliorer ce que je suis.

Je cherche la paix
Secoué dans la tourmente
D'une vie trop mouvante
Où est le vrai ?

HERVÉ DESBOIS

Chaque jour, je m'engouffre dans le métro et, déjà, je saute la tête la première dans ma journée de travail, une journée qui passera encore trop vite, peut-être comme celle d'hier ou celle d'avant-hier.

Peu importe mes rêves et mes passions, mes questions et mes tourments, la vie ressemble à un long train en perpétuel mouvement, et qui jamais ne s'arrête, un train souvent imprévisible, et qui nous bouscule ou nous endort.

Aujourd'hui, je veux pouvoir me poser des questions sur ma vie et tenter de trouver des réponses. Je veux comprendre ce que je suis, ce que je fais et pourquoi je le fais, même si cela m'oblige à descendre du « train de la vie » pour un temps.

Aujourd'hui, je veux pouvoir retrouver et ranimer mes buts, car ils sont le sens de ma vie.

Il faut obéir à la nature, la laisser suivre son cours. On y gagne bien-être et sagesse.

JEAN-PAUL FUGÈRE

Quel bourgeon sortirait aux premiers rayons du soleil printanier ? Et quel oiseau se précipiterait en dehors du nid avant que ses ailes ne soient bien déployées ? Assurément, le bourgeon éclos précocement risque fort de flétrir avant terme, et l'oisillon tombé du nid ne verra jamais d'autres jours.

Traditionnellement, l'homme de la terre semble avoir hérité d'une part de sagesse de la nature, contrairement à nombre de citadins qui ont fini par oublier leurs racines profondes et ne vivent maintenant qu'au rythme artificiel de la ville.

Aujourd'hui, je prends le temps d'observer et de réfléchir, je prends le temps de vivre et de m'épanouir.

On trouve toujours de l'argent pour faire la guerre, jamais pour vivre en paix.

ALBERT BRIE

Le jour où suffisamment de gens seront vraiment fatigués des guerres au point d'influencer leurs gouvernements respectifs, les marchands d'armes n'auront plus de clients.

Le jour où ceux qui vivent de la mort utiliseront leurs ressources pour bâtir la vie, cette planète aura un visage de paix.

Je suis le premier artisan de la paix puisque je suis l'artisan de ma vie. Si mon existence peut être un jardin où l'harmonie l'emporte sur la discorde, où le désir d'aimer est plus fort que la soif de pouvoir, où la tolérance est au-dessus de l'intransigeance, alors je suis l'un des grains de sable dont sortira le plus pur et le plus beau cristal.

Aujourd'hui, je fais la paix avec les autres et avec moi-même.

Aujourd'hui, j'ai permis au soleil de se lever plus tôt que moi.

GEORG CHRISTOPH LICHTENBERG

Aujourd'hui, je me fais un cadeau : je me donne ma journée.

Je ne me fixe aucun but si ce n'est celui de prendre mon temps, du bon temps.

Je me fais un devoir de laisser aller le temps sans me sentir obligé de lui courir après.

Je décide de me laisser aller à mes activités et à mes passe-temps favoris.

Aujourd'hui, si j'en ai envie, je me permets de lézarder, sans remords.

Aujourd'hui, je laisse le soleil se lever sans moi.

Celui qui vit dans la vérité n'a rien à craindre.

HERVÉ DESBOIS

La vérité est un miroir facile à déformer mais qui finit toujours par renvoyer l'image exacte de ce que l'on est.

Comment puis-je être zen si je suis agité au plus profond de mon être ? Comme le remords est un poids qui finit par voûter mes épaules quoi que je fasse, la crainte que l'on découvre mes tromperies voile un peu plus ma conscience jour après jour.

L'ombre du mensonge est une ombre qui passe dans mes yeux et obscurcit ma vision des autres et du monde. Si le quotidien m'apporte son lot de bonheur et de liberté, il m'apporte aussi son lot d'épreuves et de tentations.

Aujourd'hui, je fais le ménage de ma conscience pour lui redonner tout son éclat et ainsi voir clair en moi.

L'homme supérieur ne demande rien qu'à lui-même ; l'homme vulgaire et sans mérite demande tout aux autres.

CONFUCIUS

Demander assistance ne signifie pas tout demander. Prêter main forte ne signifie pas tout donner. Les amis et parents qui m'entourent peuvent être une force et un support dans les moments difficiles, mais rien ni personne ne remplacera ma propre détermination à être heureux et à atteindre mes buts.

Pourquoi blâmer les autres pour ma condition, et pourquoi tout attendre d'un quelconque État protecteur ? Est-ce que cela changera vraiment ce que je suis ?

Aujourd'hui, je suis conscient de la valeur des gens qui m'entourent, mais je sais aussi reconnaître ma propre valeur, tant pour moi-même que pour les autres, tant pour m'aider que pour aider.

Les seules pensées zen que vous puissiez trouver en haut d'une montagne sont celles que vous avez apportées avec vous.

ROBERT PIRSIG

Chacun de nous porte en lui ses vérités, vérités qui pourront éventuellement s'intégrer à une vérité universelle, comme les gouttes d'eau se fondent dans la rivière en laissant tomber au fond toute impureté qu'elles portaient en elles.

Malgré notre apparence d'êtres de chair et de sang, ayant des besoins propres à notre espèce, nous sommes essentiellement d'un univers immatériel, l'univers de la pensée et de la spiritualité, l'univers de l'âme et de la transparence.

Et, tout au fond, nous savons. Nous savons ce qui est beau et ce qui est laid, ce qui est vrai et ce qui ne l'est pas, ce qui est bon ou ce qui est mauvais, ce qui est bien ou mal, nous savons qui nous sommes et ce que nous sommes.

Mais toute notre vie dépend de ce que nous faisons de ces vérités, de la vérité.

Aujourd'hui, j'écoute et je respecte le savoir qui vit et parle en moi.

À travers les âges
Les leçons, toujours les mêmes
Révélées par les sages
Éclairent les voies humaines

HERVÉ DESBOIS

On dit que l'histoire se répète, comme si le genre humain était incapable d'apprendre de ses leçons.

Dans les derniers milliers d'années de vie sur terre, certains ont vu plus clair que la plupart des gens, et ils ont tracé des chemins pour sortir de la noirceur de notre condition humaine.

Qu'en faisons-nous ?

Aujourd'hui comme hier, quelques individus ont été capables de se hisser au-dessus du brouillard dans lequel l'homme se débat siècle après siècle. Ces individus nous ont montré d'autres façons de vivre et de faire pour améliorer notre quotidien.

Qu'en faisons-nous ?

Jour après jour, le soleil est toujours le même, mais chaque jour est un jour nouveau. Qu'en faisons-nous ?

Aujourd'hui, je découvre et j'apprends les leçons des sages d'hier et d'aujourd'hui, j'apprends les leçons du présent et du passé pour améliorer ma propre condition.

Aujourd'hui, j'aspire à de plus hauts sommets.

La colère n'a rien de grand ni de noble. Il n'y a vraiment grand que ce qui, en même temps, est calme.

SÉNÈQUE

Aujourd'hui, je m'efforcerai d'être calme et serein en toutes choses et en toutes occasions, peu importe mes habitudes ou ma réputation, peu importe ce qu'en disent les mauvaises langues ou les plaisantins, peu importe les remarques ou les moqueries.

Car rien n'est plus beau que le calme, rien n'est plus grand que la sérénité, et rien ne me rapproche plus de ma nature spirituelle.

La mer est aussi profonde dans le calme que dans la tempête.

JOHN DONNE

Quels que soient le problème et l'agitation auxquels je fais face, je ne trouverai les réponses que dans une réflexion calme et sereine. L'emportement ou la précipitation ne font qu'embrouiller un peu plus la situation.

Si je cède à l'impatience ou à l'inquiétude, je gaspille ma propre puissance en transformant mon énergie positive en énergie négative et je donne ainsi du pouvoir à mon côté sombre plutôt qu'à ma force créatrice.

Aujourd'hui, quelle que soit la situation, je fais confiance à mes capacités de raisonner pour trouver des solutions intelligentes aux problèmes de la vie.

Paie le mal avec la justice, et la bonté avec la bonté.

LAO-TSEU

La colère ou la rancune peuvent nous inciter à nous faire justice pour des préjudices dont nous avons été victimes. La vengeance est cependant une arme qui se retourne inévitablement contre celui qui en use, cela semble être une des lois mystérieuses de cet univers. À l'inverse, cette même loi fait que l'individu qui vit selon des principes d'amour et de justice, répandant l'harmonie et le bonheur autour de lui, en recevra à son tour un jour ou l'autre.

Malgré tous les incitatifs à la vengeance, je m'efforce de contenir mes penchants rancuniers pour les remplacer par des actes de justice et de tolérance.

Aujourd'hui, je traiterai les autres comme j'aimerai qu'ils me traitent.

Restez calme, c'est bon pour la santé !

HERVÉ DESBOIS

Aujourd'hui, je garderai une insouciance sereine envers la vie, malgré les peurs du présent, les craintes de l'avenir, les pressions du quotidien. Je serai désinvolte, détaché, impertinent, même, car je sais que, peu importe les problèmes qui m'assaillent et me submergent, ni la panique désordonnée ni l'angoisse muette n'y changeront rien.

En gardant une attitude détachée, je fais confiance à la force qui m'habite et je laisse monter en moi l'énergie positive qui m'aidera à voir clair et à trouver les solutions appropriées.

Aujourd'hui, je serai sourd au tumulte de la vie, afin de mieux la vivre.

La patience est la clé du bien-être.

MAHOMET

Le vieil homme regarde en souriant le jeune homme courir après la vie et son souffle. Il sourit, mais sans malice, car il se rappelle qu'il a déjà agi de même. Il se rappelle les conseils des anciens, il se rappelle leurs avertissements et tout ce qu'ils pouvaient lui dire et qu'il n'écoutait pas. Il sait que lui aussi pourrait maintenant formuler de bons conseils, mais il sait avant tout que le jeune homme doit apprendre par lui-même et que l'on ne peut forcer quelqu'un à accepter de l'aide. Il sourit aussi parce qu'il sait que le jeune homme viendra tôt ou tard lui demander conseil, parce que lui, le vieil homme, a appris à se taire et à écouter.

Aujourd'hui, je découvre les bienfaits du silence et de l'écoute sur les autres. J'apprends de la sagesse léguée par les anciens et je n'impose pas mon propre savoir.

Aujourd'hui, je serai à l'écoute.

Le silence, cette paix totale qui arrive plus qu'on ne la provoque, qui concerne l'esprit plutôt que l'ouïe.

JOSEPH BONENFANT

Avec du travail et de la constance, chacun de nous peut arriver à cet état de totale paix intérieure, un état où l'esprit est conscient d'être distinct de la matière et du corps, un état où silence et paix ne font qu'un pour nous habiter dans une sérénité totale, sans que nous ayons à faire quoi que ce soit.

Aujourd'hui, je serai pareil à un jour sans vent, où tout est immobile et, en même temps, bien vivant. Je serai pareil à l'eau du lac, parfaitement calme et pourtant grouillante de vie, et où la vie elle-même se reflète avec pureté.

Aujourd'hui, je retrouve ma nature profonde, ma nature première, ma nature spirituelle.

Accepter la défaite avec calme, c'est grande force.

HERVÉ DESBOIS

Il y a une grandeur dans la défaite, la grandeur de celui qui reconnaît le revers avec grâce et humilité, la grandeur de celui qui s'est battu jusqu'au bout en y mettant tout son cœur et toute son énergie, et qui concède la victoire à un adversaire plus coriace ou plus fort. Il y a de la grandeur à s'avouer vaincu sans regret ni aigreur.

Partout il y a des leçons à tirer, dans la victoire comme dans la défaite, et des leçons que nous tirons dépend notre aptitude future à vaincre les obstacles.

Les guerres se gagnent aussi dans la défaite.

Aujourd'hui, j'accepte mes défaites avec grandeur, non comme une victime amoindrie, et je regarde mon prochain défi avec confiance et détermination.

Dans le clair-obscur, le silence est encore le meilleur interprète des âmes.

PAUL JAVOR

Dans les églises, en général, règnent une atmosphère de silence et de recueillement aussi doux à l'âme que le velours l'est au corps, comme un trésor jalousement protégé des agressions du monde extérieur. Ces lieux semblent avoir une plénitude de sérénité qui envahit l'âme dès qu'on y pénètre, comme s'ils étaient l'antichambre d'un paradis oublié, un lien entre deux mondes, coexistence entre l'âme et la matière.

La lumière du jour y pénètre juste assez pour guider nos pas, mais le silence et la pénombre sont là pour nous aider à voir plus clair en nous.

Quel lieu sera pour moi mon église ? Quel endroit sera mon sanctuaire ?

Aujourd'hui, je prends le temps de me retirer dans l'ombre du silence et je cherche à voir plus clair en moi.

Le vrai bonheur est dans le calme de l'esprit et du cœur.

CHARLES NODIER

Aujourd'hui, je serai pareil à l'enfant pour qui demain n'existe pas encore et pour qui hier est déjà loin. Quelles que soient les blessures du passé, et peu importe les défis qui m'attendent, demain arrivera bien.

Comment puis-je être heureux si je vis dans le passé ou dans l'appréhension de l'avenir ? Comment puis-je être bien si je ne suis pas là, aujourd'hui et maintenant, dans la réalité du moment présent ?

Hier est déjà écrit, mais la page de demain est encore vierge. Quelle histoire vais-je y écrire ?

Aujourd'hui, je repousse les ombres du passé afin que le calme s'installe en moi et me permette de regarder la vie avec confiance.

Tous les êtres vivants sont bouddha et ont en eux sagesse et vertus.

BOUDDHA

L'être humain n'est pas un animal. L'être humain, même s'il agit parfois de façon irrationnelle et même barbare, n'est pas qu'un organisme vivant selon des principes d'excitation-réflexe à la manière des animaux.

Les profondeurs mystérieuses de l'inconscient peuvent laisser croire que nous ne sommes qu'une espèce un peu plus évoluée dans la grande chaîne de la vie. Pourtant, au-delà des apparences de l'aberration humaine, chaque individu de cette planète est avant tout une entité spirituelle, douée d'intelligence et de sentiments, de raisonnement et d'émotions.

Toute la sagesse, toutes les vertus et toutes les beautés du monde résident en nous, parfois masquées par les ombres de la folie, mais toujours présentes, comme la fleur pousse en côtoyant les immondices.

Aujourd'hui, je puise la sagesse dans les racines profondes de ma spiritualité afin que ma vie soit un jardin vivant et harmonieux.

Savoir sourire : quelle force d'apaisement, force de douceur, de calme, force de rayonnement !

GUY DE LARIGAUDIE

Une journée sans sourire est comme une lumière qui n'éclaire pas, comme un soleil qui reste froid. Combien de fois ai-je senti mon cœur battre plus fort et plus vite à la vue d'un sourire, même anonyme ? Il suffit parfois d'un seul de ces sourires pour se sentir compris et écouté, aimé et respecté.

Moi-même, en étant souriant et avenant, je peux contribuer à éclairer le visage d'un autre et remettre un peu de vie et d'espoir là où l'angoisse avait creusé son chemin.

Ne sous-estimons pas la valeur des gestes simples et réconfortants, ils sont l'aromate qui parfume le plat fade, la fleur qui embaume le quotidien.

Aujourd'hui, je ne crains pas de partager mes sourires et ma bonne humeur.

Lorsqu'il n'y a plus rien à faire, que faites-vous ?

KOAN ZEN

Nous vivons dans un monde où l'on sollicite de plus en plus de performances de la part des individus : faire plus et mieux avec moins.

Le fait de toujours chercher à repousser nos propres limites est certainement une bonne chose en soi puisque cela nous permet de découvrir et de mettre à profit toute notre puissance innée. Mais il ne faut pas tomber dans le piège de ne jamais se satisfaire de ce que l'on a accompli, car il est toujours possible de trouver un petit quelque chose à faire pour se tenir occupé.

Mais pourquoi toujours se tenir occupé ? Pourquoi devrais-je me sentir coupable ou mal à l'aise de m'arrêter de temps à autre, et surtout après avoir fourni un bel effort ?

J'ai le droit de profiter des rayons du soleil ou du plaisir d'une sortie ou d'un bon livre.

Aujourd'hui, je me permets de ne rien faire, ne serait-ce qu'un moment.

Les excès tuent plus sûrement que les épées.

PROVERBE CHINOIS

Il y a un aspect minimaliste intéressant dans la philosophie zen, une idée de contentement dans la simplicité des choses et des formes. Il s'agit de mettre l'accent sur la qualité des possessions plutôt que sur la quantité, rechercher la beauté et l'esthétique dans la simplicité plutôt que dans la sophistication. La pureté d'une simple goutte de rosée reflète aussi bien la beauté que n'importe quel tableau richement coloré.

Cependant, la simplicité de l'environnement matériel n'est là que pour montrer comment nous devons nous occuper du corps et de l'esprit. Nous devons en effet trouver l'équilibre entre deux mondes, entre l'opulence et l'austérité, donner nos soins autant au matériel qu'à l'immatériel, savoir se contenter sans se priver.

Aujourd'hui, je retiens les leçons de sagesse qu'enseigne la modération.

Le bonheur ne réside pas dans la possession de troupeaux et d'or. C'est dans l'âme qu'on trouve le siège de la béatitude.

DÉMOCRITE

Notre existence terrestre est comme un immense océan dans lequel nous plongeons à la recherche de trésors enfouis, certains individus en amassant plus que d'autres. L'issue est cependant la même pour tous, comme si un grand marin pêcheur venu d'un autre monde jetait ses filets dans l'océan afin de récupérer toutes les âmes appelées à repartir. Lorsque notre tour sera venu, nous remonterons dans ses filets, laissant tout le reste derrière nous, petits et grands trésors de ce monde. Et peut-être découvrirons-nous alors quel était le vrai trésor qu'il nous fallait trouver et entretenir.

Chaque jour nous donne la possibilité de révéler et d'exploiter le vrai trésor de la vie, celui qui se cache en chacun de nous, le seul que nous emporterons à la fin de notre voyage.

Aujourd'hui est un nouveau jour. Que vais-je faire pour mon propre trésor ?

Dans ce monde agité
Je me sens fragile
Pareil à la brindille
Que le vent fait plier

HERVÉ DESBOIS

Le monde dans lequel nous vivons peut parfois ressembler à une jungle où notre vie n'est que peu de choses et ne tient qu'à un quelconque coup du destin. Nous pouvons alors nous comparer à un frêle esquif perdu dans la tempête, ballotté par les vagues et pouvant couler à tout instant.

Dans notre condition humaine, nous faisons effectivement face à toutes sortes de défis et de dangers, tout comme nous pouvons connaître nombre de bonheurs petits et grands. Mais n'oublions pas notre vraie nature, n'oublions pas l'immense puissance qui réside en nous, puissance que nous devons nous efforcer de découvrir et de libérer un peu plus chaque jour.

Les êtres humains passent et s'évanouissent dans les saisons du temps, mais l'âme est immortelle.

Aujourd'hui, par-delà les apparences et le quotidien, je prends conscience de ce que je suis réellement.

L'homme honorable commence par appliquer ce qu'il veut enseigner ; ensuite il enseigne.

CONFUCIUS

Il nous faut être élève avant d'être maître, nous ouvrir l'esprit à la connaissance et rechercher l'utilité de ce que nous faisons. Si j'applique ce que je sais et que je sais ce que j'applique, alors je peux partager mon savoir avec d'autres.

Le savoir est une richesse qui peut se perdre au fil des ans et des siècles si nous ne le transmettons pas nous-même. Combien de connaissances se perdent entre deux générations ? L'enfance est un terrain fertile dans lequel toute graine de connaissance peut grandir si nous lui en donnons la possibilité. C'est à nous, adultes, de prendre soin de faire grandir en nos enfants le goût d'apprendre et de savoir.

Aujourd'hui je m'assure d'étendre mes connaissances et de partager celles que je maîtrise.

À esprit libre, univers libre.

KOAN ZEN

L'homme enchaîné dans sa prison ne peut aller plus loin que les murs et les barreaux de sa cellule. D'une façon ou d'une autre, il est responsable de sa condition, et ses chaînes ne sont que la conséquence de ses actions, indépendamment du milieu dans lequel il évoluait en homme libre.

L'esprit aussi peut être enchaîné, ou il peut être libre. Et puisque nous forgeons souvent nos propres chaînes, malgré le blâme que nous reportons sur les autres, nous pouvons également les briser.

J'ai en moi tant de puissance insoupçonnée, tant de force à libérer que mes liens ne sont en réalité qu'un mince fil de laine que je peux briser si je le désire vraiment. La décision d'être libre ou pas n'appartient qu'à moi.

Aujourd'hui, je fais un pas vers la liberté en regardant toutes les possibilités qui s'offrent à moi.

Il y a un silence du corps et de l'âme : c'est la condition du bien-être.

MAURICE TOESCA

Quand la vie devient trop agitée et que la tourmente semble vouloir m'engloutir corps et âme, je sens le besoin de me retirer pour m'entourer de silence, comme on s'enfonce dans la nuit pour y trouver le sommeil réparateur. Je recherche une oasis de paix qui sera comme une source d'eau fraîche dans laquelle plonger pour calmer les blessures du corps et de l'âme. Le silence qui m'entoure devient alors tout mon univers ; il finit par m'envelopper de si près qu'il se fond en moi pour chasser les ombres et les tourments qui m'assaillent.

Aujourd'hui, je déniche mon oasis pour retrouver le bien-être du corps et de l'âme.

La colère aveugle, le calme ouvre les yeux.

HERVÉ DESBOIS

La colère est comme un voile d'orage qui obscurcit ma vision des événements et des gens. Rien ni personne n'est beau, tout est sombre et confus. Pourtant, ce n'est que mon point de vue qui a changé, et rien de ce que je pourrais dire ou faire alors n'aura de valeur pour qui que ce soit.

Dans une telle situation, il vaut mieux se tourner vers autre chose pour éviter d'envenimer le conflit. Il est possible que nous ayons chacun nos techniques pour laisser passer la colère sans démolir les autres, comme aller prendre l'air ou, si l'on en est encore capable à ce moment-là, chercher à se raisonner soi-même. Une chose est sûre, nous devons nous tourner vers le silence afin de nous éloigner de ce qui nous a mis en colère et, bien vite, le calme revient pour nous ouvrir le cœur et les yeux.

Aujourd'hui, je travaille à trouver des solutions en toute sérénité.

Il faut se souvenir, non pour se venger du passé, mais pour grandir dans le présent et embellir l'avenir.

HERVÉ DESBOIS

Plus que les blessures du corps, les blessures de l'âme peuvent nous suivre et nous tourmenter longtemps. Tout au long de notre vie, nous accumulons des expériences douloureuses qui nous déchirent intérieurement et semblent avoir parfois le pouvoir de nous ronger l'âme, comme un cancer s'empare de notre vie petit à petit. Individuellement ou collectivement, nous gardons au fond de nos mémoires suffisamment de rancunes et de désirs de vengeance pour maintenir la planète dans un état de guerre perpétuelle.

Toute chose ne peut changer que sur une base individuelle, et personne d'autre que moi ne pourra enlever toutes les rancœurs qui se cachent au fond de moi et que je garde comme autant de trésors empoisonnés.

Aucune vengeance ne redonnera vie à ceux qui sont tombés sous les coups aveugles et meurtriers de la haine. Même s'il ne peut totalement effacer le passé, le pardon est la seule arme qui puisse ramener la paix dans les cœurs et donner le courage de bâtir le futur.

Aujourd'hui, j'aurais la force de pardonner et j'utiliserai mon énergie pour construire.

Toute solution qui peut rétablir le calme est bonne à trouver.

HERVÉ DESBOIS

Lorsque certaines situations nous rendent nerveux, susceptible ou irritable, tout semble nous pousser à être de plus en plus désagréable. Nous devenons d'une sensibilité extrême et la moindre remarque nous plonge un peu plus profondément dans la mauvaise humeur. Nous savons tous qu'il est difficile dans ces moments-là d'être suffisamment objectif et serein pour analyser le pourquoi et le comment de notre condition.

Les idées ne sont vraiment claires que lorsque l'esprit est libre. Libre d'angoisse, libre de colère et de ressentiment, libre de rancune et de dépit.

Tout ce qui pourrait donc ramener le calme en nous devrait être vu comme une perche tendue à accepter avec humilité et simplicité.

Aujourd'hui, je regarde les solutions plutôt que les problèmes.

La vie réserve ses richesses aux âmes dignes d'elles.

LUCILE VALLIÈRES

Le bonheur est un cadeau de la vie qui se mérite. Nous ne pouvons y prétendre en restant assis là à ne rien faire. Comme on ne peut recevoir sans donner, on ne peut s'attendre à être heureux si on ne répand pas soi-même la bonne humeur et la paix. C'est une règle d'or universelle qui existe depuis la nuit des temps.

Si moi-même je ne suis pas heureux dans mon quotidien, je ne dois pas pour autant regarder le bonheur et la réussite des autres avec une envie jalouse. Chaque jour m'apporte les moyens de bâtir mon bonheur et celui des autres, même si parfois cela ne semble être que des poussières dans le vent. La dune s'est formée un grain après l'autre.

Aujourd'hui, je trouve les richesses que la vie m'apporte et je m'applique à mon bonheur et à celui des autres.

Quand on s'habitue à chercher son bien-être dans ses propres efforts, on s'élève dans sa propre opinion comme dans celle des autres.

ROBERT BLONDIN

Nous devons nous faire un devoir de montrer à ceux dont nous avons la responsabilité, et particulièrement les enfants, les vertus de persévérance et d'opiniâtreté. Nous savons tous plus ou moins instinctivement que tout se gagne par le travail et l'effort soutenus, à moins que nous désirions nous en remettre au hasard qui frappe ici et là.

Il n'y a rien de plus gratifiant que de considérer le fruit de nos efforts dans un domaine ou un autre de notre vie : le fumeur qui réussit à cesser de fumer, les parents qui parviennent à concilier vie familiale et vie professionnelle, l'étudiante qui réussit dans une discipline non conventionnelle, l'ouvrier qui bâtit une maison belle et solide.

Aujourd'hui, je suis conscient de mon influence sur mon entourage et, étant le principal artisan de ma réussite, malgré les embûches et les difficultés, je m'y applique jour après jour, sans faillir.

Le silence permet de trouver son destin.

LAO-TSEU

Il est difficile de réfléchir positivement dans un environnement bruyant ou désordonné. Qu'on le veuille ou non, notre attention est sans cesse dispersée et nous ne pouvons concentrer notre pensée efficacement.

J'ai besoin de mes îlots de calme pour regarder où s'en va ma vie, pour savoir si je travaille dans la direction de mes buts, pour faire le point dans ma progression en tant qu'être.

Car je sais que je peux me noyer dans l'action sans jamais prendre le temps de m'arrêter.

Car je sais que je peux faire fausse route sans jamais m'en rendre compte.

Car je sais que, si la vie va trop vite, je suis le seul qui puisse l'arrêter pour moi.

Et je sais que je pourrais me réveiller un beau matin en me disant que j'ai vécu une vie dont je ne voulais pas.

Aujourd'hui, j'inscris des moments de pure réflexion à mon agenda, des moments de solitude et de silence pour faire le point.

Un esprit serein s'adapte à maints changements.

SAGESSE CHINOISE

Comme le marin poursuit sa route en ajustant sa voilure à mesure que les vents tournent, je ne perds pas de vue les buts que je me suis fixés et j'organise ma vie en considérant calmement chaque journée avec ce qu'elle a de nouveau et d'inattendu.

La précipitation m'aveugle, et aucune décision ne sera bonne si je la prends dans l'affolement ou l'anxiété. Si la réflexion éclaire la conscience, l'important n'est pas le temps que je prends pour décider, mais l'état d'esprit dans lequel je suis.

Aujourd'hui, je regarde les événements avec sérénité afin de ne pas voiler les opportunités qui peuvent s'offrir à moi.

Suis-je la cause
Où bien l'effet ?
Suis-je qu'un reflet
Une simple chose ?

HERVÉ DESBOIS

Comme des lambeaux de nuages gris s'accrochent aux montagnes, j'ai de vieux souvenirs qui semblent coller à ma mémoire et ne pas vouloir me quitter. C'est une espèce de brouillard qui m'envahit et m'empêche de voir le monde en moi et autour de moi. Et je sais que dans ces moments-là il est facile de me laisser plonger dans une torpeur mélancolique, comme un sommeil cotonneux duquel remontent mes vieux chagrins.

Je peux être le miroir de mon passé qui me renvoie des souvenirs sans laisser entrer la lumière du présent, ou je peux briser le charme et me tourner vers le soleil qui effacera sans bruit ces images de mélancolies enfouies en moi.

Aujourd'hui, je ne me laisse pas envahir par les ombres du passé.

Insistons sur le développement de l'amour, la gentillesse, la compréhension, la paix. Le reste nous sera offert.

MÈRE TERESA

Nous vivons aujourd'hui dans des sociétés colorées, multicolorées, pourrions-nous dire. Depuis quelques décennies, nos cultures traditionnelles doivent de plus en plus s'ouvrir à d'autres cultures, parfois très différentes des nôtres. Pour qu'une certaine harmonie soit possible, nous devons faire preuve de compréhension et de tolérance, d'accueil et d'ouverture face à ce métissage qui offre de nouvelles richesses. Collectivement et individuellement, nous devons accepter les différences qui, d'ailleurs, représentent déjà la réalité du tissu de nos sociétés urbaines.

Si je mets suffisamment d'amour et de gentillesse dans mes rapports avec les autres, quels qu'ils soient, je sème à ma façon et à mon niveau les graines d'une société où la compréhension et la paix auront plus de chances de naître.

Aujourd'hui, je m'ouvre avec bienveillance et intérêt au monde des autres, quelles que soient leurs différences ethniques, religieuses ou autres.

Le silence est la route de la paix.

MAURICE ROBERT LALONDE

Il m'arrive quelquefois d'aller me recueillir à l'abri des vieilles pierres muettes d'une église ou d'un monastère. Ces vieux murs m'inspirent le respect de l'âge et de la pérennité, ce qui semble immortel et inébranlable. Au-delà du message religieux qu'ils inspirent, ces lieux offrent une oasis de silence et de paix, ce sont des sanctuaires où l'âme se sent chez elle, quel que soit le dieu qui les habite.

Des siècles de silence et de méditation ont laissé les empreintes des grands messages universels d'amour et de compassion, des messages qui sont nés de la clairvoyance et de la sagesse d'esprits supérieurs en grâce et en discernement.

Le silence me rapproche de ce qui est merveilleux et surnaturel dans la nature humaine.

Aujourd'hui, je communie avec le silence afin de trouver les chemins de la paix intérieure.

La colère incite à la colère. Le calme appelle au calme.

HERVÉ DESBOIS

Nos émotions peuvent nous emporter plus loin qu'on ne saurait l'imaginer, démolissant les frontières de notre contrôle, pulvérisant toute dignité et retenue. Ne laissons pas notre raison se ruiner au contact de nos émotions et réactions irrationnelles, malgré leur force et leur puissance.

Je me connais et je connais trop bien mon caractère pour ne pas savoir quand la colère est sur le point de m'envahir et de gagner sur moi. Mais je peux être plus fort que cette émotion si je le décide avant qu'elle ne m'étouffe et m'emporte pour de bon et emporte tout le monde autour de moi. Et, plutôt que de chercher ce qui alimentera son feu destructeur, je me retire dans le calme de la solitude qui apaisera mon esprit troublé.

Aujourd'hui, je suis vigilant et je ne me laisse pas guider par la colère.

La contemplation de la nature fait les poètes ; la méditation de la destinée fait les penseurs. Le poète et le penseur regardent chacun un côté du mystère. Dieu est derrière le mur.

VICTOR HUGO

Au-delà de la futilité du quotidien, je cherche à comprendre les mystères de la vie. Même si je sais apprécier le confort et la facilité des biens matériels, je n'oublie pas la quête d'un savoir universel et divin qui me guidera hors de mes prisons humaines.

Philosophes et poètes de tout temps et de toutes origines me guident dans la découverte des beautés des mondes de l'art et de l'âme. Grâce à leur héritage, je découvre l'existence des voies terrestres et spirituelles, j'apprends à connaître la force et l'harmonie de la nature, la sagesse et la profondeur de l'âme humaine.

Aujourd'hui, je regarde les miroirs que d'autres ont polis pour moi, des miroirs où je vois la nature divine des choses et des êtres de la création.

La plus sublime révélation, c'est que Dieu est en chaque homme.

RALPH WALDO EMERSON

Chacun de nous possède une parcelle de l'étincelle divine. Ce que nous en avons fait et ce que nous en faisons jour après jour ne dépend que de nous. Chaque être humain est capable de ressentir l'amour sous une forme ou une autre. Qui n'a pas aimé son père, sa mère, une femme, un mari, un enfant ? L'amour est une semence de divinité placée en toute personne vivant ici-bas, c'est une graine immortelle qui peut dormir au fond de nous pendant des années puis soudain éclore au moment le plus inattendu.

Quelle que soit l'apparence de l'homme ou de la femme que j'ai en face de moi, Dieu y a placé une semence de lui-même, une semence d'amour éternel qu'il me revient de faire grandir.

Aujourd'hui, je puise la force de l'amour divin qui niche au fond de moi afin de m'aider à établir la paix là où j'irai.

Rien n'est plus rare au monde qu'un être habituellement supportable.

GIACOMO LEOPARDI

Comment mes amis, ma famille, mes collègues me perçoivent-ils ? Comment suis-je perçu de façon générale par mon entourage ? Suis-je un modèle de calme et de sagesse ou, au contraire, un modèle à ne pas suivre ?

Nous avons tous notre propre perception de nous-même, perception probablement fort différente de celle des autres personnes qui partagent notre quotidien. Cela peut d'ailleurs s'avérer très surprenant de se faire dire que l'on est parfois insupportable alors que l'on s'imagine être un modèle de patience et de tolérance.

Je dois être à l'écoute de ceux qui me connaissent bien pour mesurer ce qu'ils peuvent dire de moi, ouvertement ou à mots couverts. Si je suis capable d'accepter et d'évaluer la critique ou les remarques pour ce qu'elles sont, alors je peux m'en servir positivement pour devenir meilleur.

Aujourd'hui, j'accepte les points de vue des autres sur moi et je m'en sers pour m'aider à grandir.

Le bruit fait peu de bien, le bien fait peu de bruit.

SAINT FRANÇOIS DE SALES

Souvent, l'agitation attire l'attention sur un point précis ou sur un seul individu, alors que le silence attire nos perceptions sur l'immensité. Des petites gens d'allure très ordinaire et effacée ont été la source d'œuvres immenses pour l'humanité, alors que d'autres personnalités très en vue n'ont fait qu'attirer l'attention sur elles-mêmes sans jamais rien apporter aux autres.

Nous avons de grandes leçons d'humilité à tirer du quotidien de cette planète, car l'histoire nous montre à la fois la grande futilité et l'immense potentiel d'utilité de l'existence terrestre.

Je suis riche de tous ces gens que j'ai aidés, amis de toujours ou inconnus d'un jour.

Je suis riche de tout l'amour que j'ai offert, sans compter et sans rien attendre en retour.

Je suis riche de toute l'aide que j'ai donnée et de celle que je donnerai encore.

Ma richesse dépend de ce que je donne, en silence et sans compter.

La vie moderne, cette immense fabrique de bien-être, cette immense machine à aller vite.

CHARLES PLISNIER

Aujourd'hui, je prendrai mon temps.

Je ne serai pas la machine qui me fait courir à perdre haleine et qui éclipse les jours sans que je voie vivre et grandir ceux que j'aime.

Aujourd'hui, je prendrai le temps de vivre chaque minute, conscient de ce que je fais et de la raison pour laquelle je le fais.

Je prendrai le temps de profiter d'un bon repas, seul ou en bonne compagnie.

Je prendrai le temps d'écouter ce que les autres ont à me dire, et je prendrai le temps de leur répondre, leur donnant toute mon attention pour un instant ou pour une heure.

Je prendrai le temps de perdre mon temps si j'en ai envie, je prendrai le temps d'aller me promener sans autre but que de respirer l'air pur et écouter la vie battre autour de moi.

Aujourd'hui, je serai créateur de mon temps.

La paix est si belle et si illustre qu'elle a le ciel pour terroir.

FRANCISCO DE QUEVEDO

Le feu qui brûle en moi se nourrit de la paix qui m'habite.

Feu de passion, il me conduira vers la plénitude des plaisirs et de l'amour, il m'amènera jusqu'au bout de moi-même à la poursuite de mes rêves, il m'emportera loin de la grisaille des jours sans vie.

Feu de passion, il brûlera sans me dévorer tant que la paix vivra en moi, car le feu qui naît de l'amour et de la paix des hommes émane du ciel et de l'infini. S'il consume la vie, c'est pour la transfigurer, comme la beauté métamorphose le papillon.

Je suis du ciel et de la terre, de l'âme et de la matière, de l'eau et du feu.

Aujourd'hui, je serai un être de paix dans toutes les facettes de ma vie.

Sachez calmer vos torrents intérieurs quand il le faut.

HERVÉ DESBOIS

Chaque individu possède en lui un volcan toujours en activité. C'est une force de création extraordinaire comme cela peut être une force de destruction sans pareille. C'est l'image du soleil qui donne la vie ou bien qui brûle, la pluie qui abreuve ou bien qui noie, la force qui bâtit des empires ou celle qui anéantit la vie.

Si nous laissons aller notre volcan sans possibilité de contrôle, il risque de dévaster notre vie et celle de nos proches.

Si nous en maîtrisons la puissance, nous serons à même de créer le bonheur et la vie autour de nous.

Aujourd'hui, je mets à profit toute la puissance qui m'habite dans un but de création.

Savoir que l'on sait ce que l'on sait, et savoir que l'on ne sait pas ce que l'on ne sait pas, voilà la véritable intelligence.

CONFUCIUS

La compétence est un savant mélange de connaissances et d'expérience.

La stupidité est l'accumulation de notre négligence et de nos incompréhensions.

Avant d'être un maître, il faut savoir être élève, être prêt à recevoir le savoir comme une semence dont j'aurai la responsabilité, une semence à faire germer et s'épanouir en moi.

Je n'ai pas honte de reconnaître mon ignorance et je ne crains pas d'aller chercher la connaissance où elle se trouve, car celui qui est conscient de ne pas savoir en sait déjà plus que celui qui pense savoir.

Aujourd'hui, je reconnais les lacunes dans mon savoir et mes compétences, et je fais le nécessaire pour m'améliorer.

Tout âge porte ses fruits, il faut savoir les cueillir.

RAYMOND RADIGUET

Que l'on cherche à l'étirer ou que l'on souhaite pouvoir l'arrêter, le temps passe irrémédiablement, et rien ne sert de regarder le passé avec l'espoir de faire revivre l'enfance ou la jeunesse.

Chaque jour que nous vivons imprime dans notre mémoire la beauté de l'instant, et si nous n'en profitons pas au moment où il passe, nous risquons de constamment regarder les différentes époques de notre vie avec un pincement au cœur, avec le regret de ne pas avoir su cueillir le bonheur quand nous l'avions au creux de nos mains.

Pourquoi porter mon regard sur mes vieux souvenirs ou fuir le présent dans l'espoir d'un avenir plus brillant, quand toutes les promesses de la vie sont à ma portée ?

Tout âge porte ses promesses et ses beautés. Aujourd'hui, je saurai les reconnaître et en tirer profit pour mon propre bonheur et celui de ceux que j'aime.

Tu vas la paix en toi, tu pourras alors rire plus fort que ta misère.

CHARIF BARZOUK

Les surprises que la vie nous réserve peuvent être tout simplement magiques. Nous sommes quelquefois pris de remords pour avoir agi d'une certaine façon dans une situation ou une autre, et nous portons en nous ce regret comme un vieux boulet encombrant, certain d'avoir manqué « l'affaire de notre vie ». Et puis, un jour, nous découvrons que nous devons notre bonheur ou notre vie à cette même décision que nous avions regrettée amèrement jusque-là.

Je peux déplorer les décisions que j'ai prises dans le passé et me morfondre en laissant passer les jours et le bonheur qu'ils emportent. Mais je peux aussi décider de faire la paix avec moi et puis rire de mes soi-disant erreurs du passé. Au fond, je ne saurai peut-être jamais ce qu'elles m'ont éventuellement épargné.

Aujourd'hui, j'assume ce que je suis et ce que j'ai été, ce que j'ai fait et ce que je n'ai pas fait, et je vais le cœur en paix.

Où la volonté ne manque pas, une voie s'ouvre.

Extrait du roman *Le seigneur des anneaux*

Le quotidien peut être pesant et l' avenir sembler bouché, je ne cesse de croire en mes capacités d'atteindre mes buts. Si je reste obstinément positif dans ma façon de voir la vie en portant mon attention sur le bonheur plutôt que sur le malheur, alors une voie finira par apparaître dans mes jours les plus noirs.

La vie peut parfois ressembler à un puits sans fond dans lequel j'ai l'impression de tomber sans plus jamais pouvoir en sortir, je ne dois pourtant pas cesser de rester serein dans ma détermination de m'en sortir. L'affolement ou l'abattement me tireront vers le bas. La réflexion sereine m'ouvrira des voies insoupçonnées.

Aujourd'hui, je ne cède pas devant les difficultés que la vie met sur ma route. Malgré les pièges et les obstacles, je garde une attitude constructive et déterminée, une attitude sereine et volontaire.

Meilleur que mille mots privés de sens est un seul mot raisonnable, qui peut amener le calme chez celui qui l'entend.

BOUDDHA

Devant une personne en colère, nous avons souvent tendance à prendre le même ton ou le même rythme qu'elle, comme si son émotion se communiquait à nous, malgré nous. Il peut d'ailleurs en être de même face à une personne déprimée ou en plein désarroi, et notre raisonnement en souffrira certainement. Pourtant, aussi importants que notre attitude envers elle, seront les mots que nous lui dirons, car quelques paroles sensées et bien choisies seront d'un plus grand réconfort que bien des long discours.

La colère et l'anxiété s'évanouiront au contact du calme et de la raison, et moi-même je pourrai être le réconfort et la paix dont un autre a besoin.

Aujourd'hui, je peux communiquer le calme et la sérénité à l'esprit tourmenté, je peux trouver les mots qui ramèneront la paix dans le cœur blessé.

Ce qu'il faut chercher et trouver, c'est la douceur sereine d'une inébranlable paix.

ALEXANDRA DAVID-NEEL

Je me sens parfois habité d'une joie soudaine et inexplicable, comme les rayons du soleil percent soudainement le voile des nuages pour aussitôt me réchauffer. D'où qu'elle vienne, cette joie est puissante et réconfortante, elle semble chasser instantanément toute ombre qui m'obscurcissait l'esprit. C'est un moment d'allégresse que je vis sans me poser de questions, sans chercher à savoir pourquoi une telle joie m'arrive aussi soudainement, c'est un moment dont je profite pleinement et avec simplicité.

Quand la joie m'habite, je la vis simplement en tâchant de la communiquer aux autres.

Soyez à l'image de la nature qui peut être calme ou déchaînée, mais toujours en évolution.

HERVÉ DESBOIS

Le chemin de la sérénité passe par un travail constant sur soi, car la paix intérieure ne peut s'acquérir sans que l'on considère le chemin parcouru et à parcourir.

Régulièrement, je dois faire le point dans ma vie en me questionnant sur moi-même et les buts que je poursuis, en répondant honnêtement à mes interrogations, de façon à corriger ce qui doit être corrigé, en ayant le courage de reconnaître que j'ai pu faire fausse route, et à agir en conséquence.

Le bien-être intérieur est un état que je ne peux atteindre si je ne suis pas intègre avec moi-même et le monde en général. Ainsi, je ne dois pas craindre la tempête si c'est pour revenir à des valeurs profondes qui étaient les miennes et dont j'aurais pu m'écarter.

Aujourd'hui, je ne crains pas de me remettre en question, de remettre ma vie en question, si c'est pour retrouver le chemin de mon bonheur.

Le bonheur et la paix, c'est une question de silence.

JEAN-LOUIS GAGNON

Le silence est un mot que l'on entend souvent mais qui fait peu de bruit tout en apportant beaucoup. De l'antiquité aux temps modernes, le silence semble être la panacée à la confusion, aux remises en question, à la recherche de la vérité et autres quêtes de la pensée.

Le silence n'est-il pas l'enveloppe du sommeil de l'enfant qui repose en toute quiétude dans le berceau de la nuit ? N'est-il pas l'ingrédient premier de la prière que l'on dédie à Dieu ? N'est-il pas la substance même de l'infini qui nous entoure ?

Aujourd'hui, j'intègre le silence dans ma vie, car c'est un compagnon qui m'écoute et chuchote bien des réponses à mes questions.

On est doté de l'intelligence mais on apprend la sagesse.

SAGESSE CHINOISE

Si l'intelligence était un gage de sagesse, alors cette planète connaîtrait la paix depuis longtemps. Bien que l'intelligence soit un cadeau qu'il nous revient de cultiver chacun à notre niveau, la sagesse est un trésor universel qu'il nous faut découvrir en nous et autour de nous.

Depuis des millénaires, des sages de toutes origines et de tous horizons ont posé des jalons sur les routes de l'humanité, ils ont tracé des voies afin de permettre à l'homme de sortir de la barbarie et de l'obscurantisme.

Qu'ils nous viennent de l'Orient ou de l'Occident, les messages de ces penseurs et philosophes sont universels car ils s'accordent tous sur le caractère divin et spirituel de la nature humaine, celui qu'il nous faut travailler pour les suivre sur leurs chemins de sagesse.

Aujourd'hui, je me sers de mon intelligence pour atteindre une plus grande sagesse.

Le chemin du devoir est toujours proche, mais l'homme le cherche loin de lui.

PROVERBE CHINOIS

J'ai l'image de ces chevaliers dont la devise était de défendre la veuve et l'orphelin, nobles et preux sur leurs chevaux, le regard franc et décidé, prêts à mourir pour une juste cause.

Si l'humanité et beaucoup de légendes ont survécu au temps, l'honneur et le sens du devoir sont peut-être des vertus qui ont laissé quelques plumes en cours de route. En des temps qui ne sont pas si loin, le caractère spirituel de l'humanité occupait une place prépondérante dans le quotidien, et toute action, toute occupation suivait des règles d'honneur et d'intégrité. Il y avait plus important que la simple vie terrestre et le caractère divin de l'existence se retrouvait en toute chose.

Un siècle de matérialisme a balayé bien des préceptes dans les sociétés, mais mon propre sens de l'honneur peut encore me guider silencieusement dans les labyrinthes de l'existence.

Aujourd'hui, je retrouve le sens profond du devoir et de l'honneur, car ce sont des vertus qui redonnent fierté et un sens à ma vie.

Le calme impressionne plus que la colère, laquelle ne fait qu'effrayer.

HERVÉ DESBOIS

Qui ne craint pas la colère, autant la sienne que celle des autres ? Si l'hypocrisie est un mal sournois, la colère est un mal brutal et quelque peu « animal ».

Si cette émotion peut sans nul doute m'ébranler, je n'aurai ni considération ni obéissance pour celui qui se laisse emporter. Par contre, je serai vivement influencé par l'individu qui fait preuve d'un grand calme en toutes circonstances. C'est un peu comme se tenir au pied d'une montagne et se sentir soudain petit face à une force calme et puissante qui nous dépasse.

Aujourd'hui, je montrerai ma force intérieure par mon calme intérieur et extérieur.

Vivre à même l'éternité, c'est vivre au jour le jour.

EMIL CIORAN

Si je suis conscient de la nature spirituelle de mon existence, je suis conscient que mon passage sur terre n'est qu'un instant de vie dans l'éternité. Ainsi, chaque jour qui passe est un soupir qui s'accroche à l'infinité du temps.

Chaque pas que je fais s'inscrit dans ma propre éternité et, comme on regarde un album photo en hochant la tête et en souriant de notre passé, un jour je regarderai l'album photo de ma propre éternité et je reverrai avec un nouveau regard mes faux pas et mes victoires. Mais comment sera mon regard? Sera-t-il amusé ou attristé?

Je ne pense pas en fonction d'une seule vie puisque ailleurs, peu importe la forme qu'elle prendra, une autre vie m'attend.

Tant de beautés
Nichent en silence
Tant de puissance
À libérer

HERVÉ DESBOIS

Qui pourrait imaginer toutes les beautés qui se cachent au fond d'une petite graine ? Pouvons-nous y voir la splendeur de la fleur épanouie, la richesse des couleurs et des parfums qui l'habilleront, l'amour et les passions qu'elle engendrera ?

Pouvons-nous voir au fond des femmes et des hommes que nous croisons toutes les beautés qu'ils recèlent, peut-être sans qu'ils en soient eux-mêmes conscients ?

Pouvons-nous voir dans les yeux de l'enfant que nous berçons toutes les promesses qui sommeillent en lui et qui donneront peut-être jour à de nouveaux espoirs pour l'humanité tout entière ?

Parce que l'avenir est ce que chacun de nous en fera, je respecte la vie.

Parce que notre destin personnel et collectif s'écrit chaque jour que le soleil se lève, je respecte les rêves et la beauté, qu'ils soient miens ou ceux des autres.

Aujourd'hui, par respect pour le ciel et la terre qui me l'ont donnée, je respecte la vie comme un cadeau divin et formidable, un cadeau précieux et fragile.

Il faut un minimum de sérénité pour prendre de bonnes décisions.

HERVÉ DESBOIS

Qui gagne à ce que je prenne des décisions hâtives et peut-être inappropriées ? Qui bénéficie de mes erreurs et dans quel but ? Au fond, peu importe la réponse puisque l'important est de savoir que, moi, je risque d'y perdre.

Je sais que l'on nous demande de toujours faire plus vite, de chercher à améliorer la productivité et de réduire le gaspillage de temps et de ressources. Il est plutôt facile d'être d'accord avec le principe, car il n'y a rien d'édifiant chez la personne qui se traîne les pieds, et le temps bien employé est gage de satisfaction et d'estime de soi. Mais je ne veux prendre aucune décision si j'ai l'esprit confus ou agité. Qui a jamais vu un aveugle courir en pleine rue ?

Parce que j'ai besoin de voir clair en moi pour avancer en toute quiétude, je ramènerai le calme en moi avant de prendre mes décisions.

La nature à chaque instant s'occupe de votre bien-être, elle n'a pas d'autre fin. Ne lui résistez pas.

HENRY DAVID THOREAU

La terre est un immense berceau dans lequel l'humanité grandit jour après jour. Malgré les inégalités aux quatre coins de la planète, la nature nourricière nous donne au quotidien les moyens de subsistance dont nous avons besoin. La création est telle que chaque coin de pays a ses propres richesses, ce qu'il en advient n'est que l'histoire des hommes.

Aujourd'hui, quelles que soient mes croyances ou mes convictions, je rends grâce pour les richesses et le bien-être que me procure la nature jour après jour.

Le plus grand conquérant est celui qui sait vaincre sans bataille.

LAO-TSEU

Si la brutalité peut mettre temporairement fin à un litige, elle ouvre la porte au ressentiment et à la vengeance. Celui qui règle les problèmes à coups de gueule ou à coups de poing s'attire peut-être un certain respect par la crainte qu'il inspire, mais il ne se gagnera la considération de personne, si ce n'est d'écervelés dans son genre.

Qui peut régler un conflit sans user de force ou de menace est un être habité de sagesse et de discernement. L'intelligence dont il fait preuve lui vaudra la reconnaissance et l'estime de son entourage, sentiments qui demeureront longtemps après les faits.

Quand il ne restera que les souvenirs, on aura depuis longtemps oublié la grossièreté, tandis qu'on n'aura que de bons mots pour la sagesse.

Aujourd'hui, je fais preuve de discernement et de bienveillance dans mes rapports avec les autres.

La solitude n'existe pas, celle-là surtout dont on espère la paix. Où que vous alliez, votre pensée et vos actes vous suivent.

HARRY BERNARD

Quelles que soient mes décisions, bonnes ou mauvaises, je finirai toujours par me retrouver seul face à mes choix. Je serai seul à vivre avec la joie ou l'amertume, la satisfaction ou le regret, la paix ou le remords. Peut-être connaîtrai-je un mélange de tout cela, c'est pourquoi il est important que je fasse la paix avec moi-même, que je finisse par tirer un trait sur ce qui a été et que je fasse tout ce qui est possible pour ne pas traîner avec moi le poids du remords et du ressentiment.

Le vieillard comme l'enfant porte avec lui sa valise de souvenirs, et elle sera légère ou lourde à porter selon ce que chacun pourra et voudra bien y mettre.

Aujourd'hui, je choisis la voie qui me conduira sur des chemins où je pourrai aller le cœur léger et l'âme en paix, même si je devais être seul.

Le sage se demande à lui-même la cause de ses fautes, l'insensé le demande aux autres.

CONFUCIUS

Être zen n'est certainement pas un état réservé aux gens qui sont naturellement calmes. Bien qu'il y ait quantité de choses qui puissent nous assaillir au quotidien et accentuer notre nervosité, nous pouvons faire revenir le calme là où la tempête se lève.

La sérénité est un état qui nécessite d'abord une certaine humilité de ma part, humilité de reconnaître ce que je suis, avec toutes mes qualités et mes défauts, humilité de prendre conscience du chemin que j'ai à parcourir pour m'améliorer, humilité de concéder que je peux avoir tort et de m'avouer coupable, humilité de ne pas répliquer devant l'hypocrisie ou la colère d'un autre, humilité d'être imparfait et humain.

Aujourd'hui, je serai plus fort que mes faiblesses.

Vivons donc heureusement, sans haïr ceux qui nous haïssent.

BOUDDHA

Le ressentiment et la haine dévorent de l'intérieur celui même qui les nourrit. Pourquoi donc répondre à la haine par la haine puisque l'oppresseur se prend lui-même à son propre piège ?

La meilleure réponse que je puisse donner à celui qui nourrit de mauvais sentiments à mon égard est de continuer à faire croître mon bonheur. Donner de l'importance ou de l'attention à son énergie négative revient à lui donner de la puissance, à lui insuffler ma propre énergie dont j'ai tant besoin pour réussir ma vie et celle de ceux que j'aime.

Aujourd'hui, je ne tomberai pas dans les pièges que me tendent les hostilités de la vie.

La tempérance est un arbre qui a pour racine le contentement de peu, et pour fruits le calme et la paix.

FERDINAND DENIS

Je vivrai dans la paix en trouvant la joie dans les choses simples de la vie, en bâtissant mon bonheur sur des valeurs fondamentales, en étant fidèle à moi-même et à mes buts, à ma parole et à ceux qui comptent sur moi.

Je vivrai dans la sérénité en ne me laissant pas prendre au piège du matérialisme à outrance, conscient de mes besoins essentiels, mais tout aussi conscient de l'essentiel.

Je vivrai en harmonie avec les univers qui m'entourent en étant respectueux de la vie dans ses expressions les plus diverses.

Je vivrai avec plénitude tous les aspects de mon existence en recherchant l'équilibre nécessaire entre mondes spirituel et matériel.

Aujourd'hui, j'articule ma vie autour de valeurs essentielles pour atteindre la paix.

Certains ne peuvent s'empêcher d'agir avec brusquerie et violence, comme pour affirmer leur force et leur « virilité ». Mais ils ne font que franchir la frontière qui sépare l'homme de l'animal.

HERVÉ DESBOIS

La vie m'a donné l'enveloppe charnelle dans laquelle je bâtis mon existence jour après jour. Être de chair évoluant dans un monde matériel, je peux facilement oublier ma nature divine et profonde, ce lien qui me relie au monde spirituel, berceau de toutes les âmes.

Comment puis-je aspirer au bonheur et au respect si je laisse mes instincts submerger ma conscience et ma volonté ?

Que serais-je, libéré de la prison du corps et du poids de mes souvenirs les plus noirs, libéré de mes contradictions et de mes faiblesses ? S'il me faut reconnaître la dualité de mon existence, partagée entre les beautés et les puissances des mondes de l'âme et de la matière, je dois également reconnaître la suprématie de l'âme sur la matière.

Aujourd'hui, je contribue à la beauté du monde en surveillant ce que je dis et ce que je fais, et en intégrant plus de spiritualité dans mes gestes quotidiens.

L'homme qui a l'âme en paix n'est importun ni à lui-même ni aux autres.

ÉPICURE

Aujourd'hui, je sais que la vie peut être belle et douce si je vais l'âme en paix et le cœur léger.

Je sais que je pourrai avoir la tête en fête et les yeux rieurs si je vis l'esprit libéré du souvenir de mes erreurs passées.

Je sais que je pourrai être une source de réconfort pour les autres si moi-même je connais la paix intérieure.

Nous pouvons être plus forts que la haine, plus forts que l'injustice, plus forts que la mort si, individuellement, nous nous efforçons de travailler à notre propre paix intérieure.

Aujourd'hui, je travaille à la paix du monde en commençant par moi.

L'homme regarde la fleur, la fleur sourit.

KOAN ZEN

Toute chose est plus belle dans notre regard si nous lui reconnaissons sa beauté propre. La fleur que je prends le temps de regarder, de toucher et de humer, le chat endormi qui ronronne paisiblement auprès de moi, ma maison que je viens de nettoyer avec soin, le bibelot que j'ai déniché et qui trône fièrement dans mon salon…

Nous sommes les artisans de la beauté du monde et des autres. En jetant un regard plein d'amour et d'attention sur les gens et les choses qui m'entourent, je saurai voir les beautés qui les habitent et, en les reconnaissant ouvertement, elles n'en seront que plus belles.

Aujourd'hui, je regarde les beautés du monde.

Toutes les fleurs de l'avenir sont dans les semences d'aujourd'hui.

PROVERBE CHINOIS

Nous pouvons voir la vie comme un grand paysage recouvert d'une neige blanche et pure. Nous sommes les premiers à en fouler le sol et si, parfois, nous suivons ou croisons des chemins qui ne sont pas les nôtres, c'est notre décision de suivre les traces des autres ou de continuer à faire nos propres traces. C'est ainsi que nous dessinons le chemin de notre vie, conscients de l'existence des autres et de nos propres buts.

L'empreinte que nous laissons dans le temps reste avec nous pour toujours, comme le chemin que nous traçons semble nous suivre au fur et à mesure que nous avançons.

Aujourd'hui, je marche vers la lumière comme je marche vers le soleil pour que les ombres du passé restent derrière moi et ne viennent pas nuire à mon présent.

*Rester calme en toute occasion, une utopie ?
Peut-être, mais on peut toujours essayer.*

HERVÉ DESBOIS

Nous sommes tous plus ou moins en quête de l'absolu. Que nous soyons homme ou femme, et quelle que soit notre position sociale, nous voudrions être meilleur dans ce que nous sommes et ce que nous faisons. Si notre monde est imparfait, le goût de la perfection nous habite, et c'est la preuve d'une certaine sagesse et d'humilité si nous reconnaissons que l'amélioration est possible et souhaitable dans notre vie.

Il est bien difficile de toujours être de bonne humeur, et encore plus d'humeur égale, puisque la vie est pleine de surprises qui viennent nous atteindre dans notre quotidien. Il est donc bien normal de connaître l'exaltation et les larmes, le rire et la douleur. Et puis, qui voudrait d'une humeur égale quand la vie nous offre un tel éventail d'émotions ?

Aujourd'hui, je regarde ce que je suis avec un œil nouveau afin de découvrir comment je peux favoriser les sentiments positifs dans mon quotidien.

Paix sur la terre aux hommes de bonne volonté.

SAINT LUC

La plus grande magie qui puisse exister sur terre réside dans la volonté. Tout ce qui est accompli quotidiennement est accompli grâce aux efforts et au travail d'individus qui ont l'intention d'atteindre des buts. Et si beaucoup de « bonnes volontés » s'unissent dans un but précis, rien ne pourra les arrêter, car leur puissance sera multipliée par bien plus que leur nombre réel.

Observez votre vie et celle des autres autour de vous : les réussites et les progrès de l'humanité, aussi mineurs soient-ils, sont l'œuvre de gens de bonne volonté, des individus qui dépensent sans compter temps et argent pour créer un présent plus beau et plus vivable. Si le but est juste et profitable, il mérite d'être supporté, et il mérite que l'on aide ceux qui s'efforcent de l'atteindre.

Aujourd'hui, je suis reconnaissant et attentif aux gestes de bonne volonté, et je suis moi-même une personne de bonne volonté.

La vie est une fleur. L'amour en est le miel.

VICTOR HUGO

Même si quelques exemples arrivent ici et là dans le monde, fortunes et amours instantanées se produisent le plus souvent dans les contes de fées. Notre réalité d'être humain nous apprend jour après jour que la graine doit être semée avant que la fleur ne sorte de terre, et puis la fleur doit être aimée et entretenue avant qu'elle ne nous enchante de ses parfums et beautés.

La vie est une grande toile vierge sur laquelle je peins les paysages de ma propre existence. Amour et joie, sérénité et bonheur seront le fruit de mes actions au quotidien, et je vivrai dans l'harmonie dans la mesure où mes actions seront en harmonie avec ce que je suis et ce que je pense.

Peu importe les récoltes du passé, je m'en vais cultiver mon jardin de rêves, car, si je rêve au miel, je pense d'abord à la fleur. Il n'est jamais trop tard pour semer.

La colère est une force sauvage et passagère. Apprenez à la dompter.

HERVÉ DESBOIS

Les torrents qui déversent leurs flots rageurs au printemps laissent sur leur passage des traces de désolation visibles longtemps après qu'ils se sont calmés. Même quand l'eau n'est plus qu'un murmure au fond d'une ravine, on se souvient des flots impétueux en regardant les cicatrices de la terre. Des blessures, c'est tout ce qu'il reste après le passage de la colère, qu'elle vienne du ciel ou des hommes.

J'ai en moi des forces insoupçonnées, des forces dont je peux me servir à bon ou à mauvais escient, pour le meilleur ou pour le pire. Quand ces forces m'envahissent et me submergent, qu'elles deviennent plus fortes que ma propre volonté, je deviens un torrent rebelle et emporté, et qui emporte lui-même des lambeaux de bonheur et de vie.

Aujourd'hui, je prends conscience de la force qui m'habite et j'apprends à la contrôler avant qu'elle ne me contrôle.

Celui qui déplace la montagne, c'est celui qui commence à enlever les petites pierres.

CONFUCIUS

J'aurais pu… Je n'aurais pas dû… Si j'avais su… Autant d'expressions qui, à l'occasion, peuvent hanter notre esprit et brûler notre langue.

Nous ne pouvons regretter indéfiniment ce que nous avons fait, ce que nous avons dit, ce que nous n'avons pas fait ou que nous n'avons pas dit. Un jour, il faut arrêter de se morfondre et regarder froidement son bagage de remords, puis faire un examen de conscience, peu importe le travail que cela exige, car la force récupérée compensera amplement la force dépensée. Il ne faut pas craindre de faire le point sérieusement et de jeter tous ces débris qui encombrent notre mémoire, c'est un peu comme faire le ménage de sa cave, avec un minimum d'émotivité et un maximum d'efficacité.

Faire son ménage intérieur est certainement moins facile, mais c'est possible et, surtout, indispensable, si l'on veut connaître la paix.

Les regrets du passé consument l'énergie du présent. Aujourd'hui, je fais le point sur ma vie avec courage et discernement.

La plus grande menace pour l'avenir est l'indifférence.

DAVID BAIRD

Et si les blessures que j'endure aujourd'hui n'étaient que le résultat de mon indifférence passée ? Et si les plaies du monde n'étaient que le fruit de l'indifférence individuelle et collective face à l'injustice et aux abus de pouvoir ?

Si ce que je suis aujourd'hui révèle ce que je serai demain, alors le mendiant d'aujourd'hui est peut-être le « sollicité » d'hier, et la main tendue que j'ignore aujourd'hui sera peut-être celle qui me volera demain.

La loi du karma, ou peu importe le nom qu'on lui donne, est implacable car ce n'est pas une loi des hommes, mais une loi que l'on s'impose à soi-même et qui ne s'écrit dans aucun livre, si ce n'est celui que nous portons avec nous, jour après jour, vie après vie.

Je ne peux respirer librement dans un monde qui étouffe.

Je ne peux vivre libre dans un monde enchaîné.

Aujourd'hui, peu importe ce qui arrive, je ne serai pas indifférent, car il y a toujours une façon d'aider, aussi minime soit-elle. Faire peu est préférable à ne rien faire.

Le bonheur n'est pas le fruit de la paix, le bonheur, c'est la paix même.

ALAIN

Pourquoi chercher querelle quand je peux bâtir la paix ? Si ma vie est riche et active, toute mon attention et toute mon énergie seront dirigées vers des buts créatifs où je pourrai trouver mon plein épanouissement personnel.

Chaque jour est pour moi un nouveau défi que je relève avec détermination, peu importe la couleur de mes pensées. Si je me sens quelque peu découragé, alors je redouble d'ardeur pour me sortir de cette condition indésirable. Et si je me sens maître de mes capacités, alors j'utilise toutes mes ressources pour faire de cette journée une oasis de bien-être et de paix.

Aujourd'hui, je repousse toute idée de querelle ou de rancune pour installer la paix dans mes pensées, mes paroles et mes actions.

Appliquez-vous à garder en toute chose le juste milieu.

CONFUCIUS

Les extrêmes aveuglent l'homme et l'attirent vers les abîmes de la déchéance et de l'intolérance.

Quelle que soit la sphère de notre vie où nous nous éloignons du juste milieu, des effets pervers et négatifs commencent rapidement à s'installer et finissent par nous submerger si nous ne revenons pas à un certain équilibre.

Dans la nature comme dans les âmes, il semble y avoir un équilibre dont la vie elle-même dépend, comme si le Grand Créateur avait voulu mettre des limites naturelles pour nous protéger envers et contre nous. Et si nous observons notre propre vie et le monde dans lequel nous vivons, il semble bien que cette loi du juste milieu soit une loi universelle qui s'applique autant au monde matériel qu'au monde spirituel.

Aujourd'hui, je serai « sage dans ma folie ».

L'homme trouve la raison en lui et la sagesse hors de lui.

Victor Hugo

Personne d'autre ne pourra dire mieux que moi ce que je suis vraiment et ce que je dois faire pour avancer sur le chemin de la sérénité. Le potier trouve l'argile dans la nature, mais c'est lui qui la façonne pour qu'elle devienne l'objet d'art ou du quotidien. Comme l'artiste se sert de ses mains pour donner vie à la matière brute qu'il trouve ici et là, je me sers de ma raison pour façonner ma vie. Ce qu'elle sera dépendra de ce que je trouverai en dehors de moi pour la nourrir et de ce que j'en ferai.

J'ai reçu un précieux cadeau en venant au monde, une grande richesse appelée raison. Elle seule peut me sortir du labyrinthe de l'existence et des pièges de la vie.

Elle seule peut me guider vers la sagesse.

Ma raison est une amie fidèle.

Être en paix avec soi-même est le plus sûr moyen de commencer à l'être avec les autres.

LUIS DE LEON

Quand la tempête fait rage en mer, aucun bateau n'est à l'abri, même dans le port.

Celui qui cherche à connaître la paix et l'harmonie avec les gens qui l'entourent doit d'abord lui-même connaître la paix intérieure, car on ne peut attirer le calme avec l'agitation.

Inversement, celui qui s'efforce d'établir et de maintenir la paix en lui s'entourera de paix sans qu'il fasse quoi que ce soit d'autre que d'être lui-même en paix.

Comment connaître le bonheur et la sérénité ? Qui se donne la peine de regarder la vérité telle qu'elle est trouvera les réponses en lui-même.

Aujourd'hui, j'apaise mes guerres et mes rancunes pour faire la paix avec moi-même.

Le reste suivra.

Nous passons parfois si près de la vérité qu'elle nous aveugle.

HERVÉ DESBOIS

C'est dans l'état d'esprit que se dessinent le bien et le mal, le beau et le laid. Comme nous avons l'esprit tourné, nous voyons la vie d'une couleur ou bien d'une autre.

Il y a des jours où j'ai les idées si embrouillées que je ne vois plus les choses telles qu'elles sont réellement. Si je n'y prends pas garde, mauvaise humeur, irritation ou frustrations me font voir le monde et les gens sous un jour maussade. Ainsi, je peux être pareil à celui qui cherche ses lunettes en pestant contre la terre entière alors qu'il les a sur le bout du nez.

Chaque seconde qui s'égraine me donne la possibilité de changer mon point de vue et ma vision des événements. Plus que toute autre chose, c'est mon propre orgueil qui me rend aveugle, et c'est lui qui m'empêche de voir la vérité quand elle cherche pourtant à éclairer la voie de ma raison.

Aujourd'hui, j'aurai la force de faire taire mon orgueil.

Il faut des moments de calme pour observer sa vie ouvertement et honnêtement... Passer ces moments seul donne à ton esprit l'opportunité de se renouveler et de créer de l'ordre.

SUSAN TAYLOR

Pris dans la ronde parfois frénétique du quotidien, il m'arrive de sentir le besoin de me retrouver seul avec moi-même, seul avec mes rêves et mes buts, avec ce que je suis et ce que je fais de ma vie. Je m'efforce alors de sortir de ma routine en prenant congé, ne serait-ce que quelques heures, et je m'en vais déambuler dans des lieux que j'aime bien. Ces moments d'évasion ressemblent à un voyage à contre-courant où le temps lui-même semble passer différemment. Et puis je m'arrête pour m'asseoir et regarder courir la vie du monde et des gens. Je suis un spectateur plus ou moins distrait qui finit par se voir lui-même à travers les autres. Alors je suis seul et immobile au milieu d'un tourbillon de vie qui m'inspire et me donne un nouveau souffle.

Aujourd'hui, je n'ai pas peur de me retrouver seul dans le calme.

Je m'attends à mourir, mais je n'envisage pas de me retirer de la vie avant.

MARGARET MEAD

Vaincre résulte avant tout d'un état d'esprit. Succomber aussi.

Les montagnes qui se dressent devant moi ne sont là qu'en raison de mes propres choix puisque, d'une façon ou d'une autre, j'ai donné à ma vie une certaine direction, choisissant un chemin plutôt qu'un autre. Une route différente m'aurait probablement conduit vers d'autres montagnes, peut-être moindres, peut-être pires.

Aujourd'hui, je peux apprendre à voir les obstacles comme autant d'embûches sur le grand échiquier de la vie, des embûches que je peux vaincre, comme je triomphe d'un adversaire dans un jeu.

Nous ne voulons pas de richesses. Nous voulons la paix et l'amour.

SAGESSE INDIENNE

La vraie richesse se trouve dans la paix et le bonheur intérieurs. Combien de gens fortunés, qui semblent pourtant tout avoir pour être heureux, mènent en réalité de pauvres vies ?

À quoi me servent des tonnes d'argent si mon temps ne m'appartient plus ? Est-ce que la fortune vaut le sacrifice de plusieurs vies, que ce soit la mienne ou celle des autres, et plus encore celle des membres de ma famille ?

L'argent est un moyen, non un but. Quand il contribue au réconfort et à la paix, alors il est utile et apprécié. Mais l'argent ne sera jamais un substitut au bonheur.

Si l'argent m'apporte satisfaction en échange d'un travail bien fait, il n'est que la clé d'un bien-être qui n'a rien à voir avec les vraies richesses de la vie.

Aujourd'hui, je considère mes priorités sans omettre toutes les facettes de ma vie.

Soyez calme dans la tempête.

HERVÉ DESBOIS

Nous pouvons être assaillis par toutes sortes d'ennuis, à un tel point que la vie peut devenir un ciel d'orage menaçant de nous tomber dessus à tout moment.

Chaque fois que la vie semble aller de travers, j'essaie de me calmer en me demandant ce qu'il adviendrait si le pire que je redoute arrivait vraiment. Quelle que soit la catastrophe qui me guette, il est possible d'envisager ce que serait ma vie si la catastrophe se produisait vraiment. Alors, je réalise que je pourrais, au pire, recommencer une nouvelle vie, ici ou ailleurs, seul ou avec de nouvelles gens, mais ce ne serait certes pas la fin du monde. C'est habituellement suffisant pour ramener le calme chez moi et me permettre d'envisager les problèmes différemment.

Aujourd'hui, j'ai le cœur à l'insouciance et je veux regarder ma vie sous un nouveau jour.

L'amour fait songer, vivre et croire
Il a pour réchauffer le cœur
Un rayon de plus que la gloire,
Et ce rayon, c'est le bonheur

VICTOR HUGO

Je veux faire partie de la vie qui bat autour de moi, apportant mon propre souffle et joignant mes propres battements au formidable cœur de la grande communauté humaine.

Je veux être en harmonie avec tous ces gens que je croise et qui aspirent tous à un peu plus de bonheur, pour eux-mêmes et pour le monde.

Je ne connaîtrai cette harmonie qu'en faisant taire mes préjugés et mes pensées égoïstes, en ayant un amour simple et respectueux pour la vie, la mienne et celle de mes proches, la vie de tous ces inconnus dans ma ville et à l'autre bout du monde.

Le bonheur et la paix n'ont qu'un seul langage, une seule religion : l'amour.

Aujourd'hui, je recherche l'harmonie avec le monde qui m'entoure.

Les mots qu'on dit comptent si peu quand le corps entier et l'âme les contredisent.

ANDRÉ LAURENDEAU

Ne me demande pas de te dire je t'aime si je ne t'aime pas au moment où tu me le demandes.

Ne me demande pas d'être heureux quand j'ai le tourment dans les yeux.

Si j'aspire au bonheur, comme toi, je veux avant tout être sincère dans ce que je suis et dans ce que je dis.

Laisse-moi vivre ma peine si mon cœur est aux larmes.

Laisse-moi me défaire des soucis qui tenaillent ma joie de vivre.

Je te parlerai d'amour et de ciels bleus quand j'aurai fait taire ce qui pourrait me faire mentir.

Parce que je me respecte et parce que je te respecte, je veux que le langage de ma vie soit celui de la vérité, quelles que soient mes pensées.

Il est plus facile de regretter les gestes que l'on fait avec colère que ceux que l'on s'abstient de poser avec calme.

HERVÉ DESBOIS

On pleure le présent en regrettant le passé. « Si seulement je pouvais remonter le temps… »

Hélas, il n'est pas facile de toujours se comporter comme un grand sage lorsque vient le temps de décider. Ignorance, empressement, aveuglement, emportement sont autant d'ingrédients dans la recette de « l'échec parfumé à l'amertume » et, le plus souvent, le post-mortem de nos erreurs se résume à « Si j'avais su, je n'aurais pas… »

Plus ma colère est forte, plus je dois être fort pour me taire et disparaître le temps de reprendre mes esprits.

Jour après jour, je m'efforce au silence quand la colère gronde en moi. Plus elle veut parler fort, moins j'ouvre la bouche. Ainsi, demain, je n'aurai pas de regrets.

La grenouille dans un puits ne sait rien de la haute mer.

SAGESSE JAPONAISE

De tout temps, l'arme des oppresseurs, petits et grands, a été l'ignorance, une arme sournoise qui ferme les portes et installe la crainte de ce qui pourrait se cacher derrière ces portes.

Individus, familles et peuples entiers peuvent être pareils à des grenouilles qui pataugent dans la même eau, tout au fond de leur puits, sans jamais se douter de ce qu'il y a au-delà.

Qui sait toutes les richesses que je découvrirai si je me donne la peine d'observer et d'écouter, l'esprit et le cœur grands ouverts, avec ma seule raison pour conseillère ?

Aujourd'hui, j'ouvre les yeux sur les mondes et les gens que je ne connais pas.

J'oublie mes craintes et mes préjugés.

Je fais taire les critiques et l'amertume que d'autres ont pu semer en moi.

Aujourd'hui, je regarde ce qui m'entoure avec des yeux d'enfant.

Solidement ancré dans le présent, je contemple l'avenir.

Extrait du livre *Le couple un jour à la fois*

Il est facile de céder à l'anxiété quand on ne sait pas de quoi demain sera fait. Pourtant, il faut se rendre à l'évidence, c'est notre lot quotidien sur cette terre que de ne pas connaître notre avenir. Et puis, quel serait l'intérêt de la vie si nous pouvions en prévoir le moindre détail ?

Si je peux prédire quoi que ce soit quant à mon avenir, je ne peux le faire qu'en fonction de ce que je fais ou ne fais pas aujourd'hui même. Le reste n'est que pure spéculation. Les événements n'arriveront que si j'y travaille sans jamais me décourager. Sinon, les autres et tout ce qui compose la vie décideront pour moi.

Pourquoi m'inquiéter pour demain quand je peux utiliser mon énergie à le préparer ?

La moindre tâche de la vie quotidienne participe à l'harmonie globale de l'univers.

SAINTE THÉRÈSE DE LISIEUX

Tous les gestes que l'on fait peuvent se comparer à l'édification d'une ville ou d'un quartier. Si l'on bâtit les maisons sans s'occuper de l'ensemble, on finit par avoir une espèce de mosaïque bigarrée et hideuse. De la même façon, si chacun travaille à ses affaires sans s'occuper de son voisin, il peut en résulter toutes sortes de problèmes et de conflits.

Notre planète est comme une grande communauté dans laquelle chacun des membres cherche à faire progresser sa propre existence. Plus nous tendrons individuellement vers des valeurs universelles, plus l'harmonie s'installera sur la terre.

Aujourd'hui, je m'efforce de travailler en harmonie avec les autres, car je sais que le moindre geste que je fais pourra contribuer à la beauté du monde.

Qu'on en ait beaucoup ou simplement ce qu'il faut, l'argent ne fait pas le bonheur. Certes, il y contribue, mais c'est surtout l'usage qu'on en fait qui peut faire notre bonheur, ou notre malheur.

HERVÉ DESBOIS

Aujourd'hui, je cherche à mettre mes priorités au bon endroit, là où ce que je fais profitera au plus grand nombre de gens possible.

Si je suis conscient que l'argent est source de bien des conflits sur terre, je sais que ce n'est pas l'argent en soi qui est en cause, puisque c'est l'intention qui sous-tend toutes les actions qui détermine ce qui est bon et ce qui ne l'est pas. Si l'argent peut servir à répandre la douleur et la mort, il y a aussi l'argent que l'on utilise pour faire avancer une bonne cause, et celui que l'on donne pour soulager la détresse et la misère.

Aujourd'hui, je cherche à me tourner vers l'essentiel, peu importe l'argent.

La vengeance la plus noble, c'est le pardon.

MOLIÈRE

Il est facile de répondre à la violence par la violence. Mais que peut-on répondre à celui qui pardonne ? Des deux adversaires, c'est lui qui sort le plus fort et le plus grandi, même si son but n'était que de retrouver ou préserver la paix.

Plus on se tourne vers la force pour régler les problèmes, plus on s'approche des bas instincts de l'homme.

Plus on intègre la tolérance et le pardon dans sa vie, plus on s'élève dans la noblesse de l'âme humaine.

Aujourd'hui, pour mon propre bien et celui des autres, je décide de tourner la page sur mes vieilles rancœurs en pardonnant à ceux qui m'ont fait du tort car, au fond, je sais qu'en agissant de la sorte, je serai moi-même pardonné pour mes propres torts.

La paix n'est pas l'absence de guerre, c'est une vertu, un état d'esprit, une volonté de bienveillance, de confiance, de justice.

SPINOZA

Je rêve d'un monde où tous les êtres humains pourront se faire confiance mutuellement, un monde de raison et de sagesse dans lequel la guerre ne sera plus qu'un simple mot dans tous les dictionnaires de toutes les langues, un monde où le crime et la folie ne feront plus la une des journaux, un monde où le sang ne coulera plus que dans les veines des femmes, des hommes, des enfants et des animaux.

Un rêve n'est qu'un rêve, mais les empires et les civilisations se sont bâtis à partir du rêve d'un seul, qui l'a transmis à un autre, puis à un autre…

Aujourd'hui, je me permets de rêver à la beauté d'un monde idéal, et je fais de ce rêve une réalité dans mon quotidien, dans ma vie, dans mon propre monde.

La colère est une dispersion d'énergie. Évitez de gaspiller vos ressources.

HERVÉ DESBOIS

La colère ressemble à un orage qui déverse toute sa violence avec une impétuosité aussi soudaine que passagère. Le ciel se lézarde et renvoie l'écho de ses foudres, déracinant des arbres et inondant le sol sous des trombes d'eau qui se déversent avec démesure en arrachant des lambeaux de terre ici et là. Puis, aussi soudainement qu'il a commencé, l'orage s'apaise, et un nouveau silence s'installe au milieu d'une nature qui semble figée dans une torpeur humide et désolée. Il ne reste rien de la colère des cieux sinon des traces de désolation que le temps et le travail des hommes finiront par cicatriser.

Aujourd'hui, je chercherai à canaliser mon énergie vers des buts constructifs.

Je tiens mon âme en paix et en silence, comme un enfant contre sa mère.

La Bible

Si j'ai appris à parler, je dois aussi savoir me taire.

Si j'ai appris à utiliser ma tête et ma force, je dois aussi savoir rester immobile.

Tout pouvoir qui m'est donné implique un devoir en retour.

Je ne connaîtrai de paix que si je sais me permettre des moments de tranquillité, seul avec moi-même, des moments de recueillement où je pourrai faire taire les regrets et les inquiétudes qui m'assaillent.

Je connaîtrai la paix si je sais contenir les mots et les actes blessants et inutiles, car l'âme se ressource dans la fraîcheur et le silence d'une conscience claire.

Comme la terre a besoin de la chaleur du soleil pour revivre après l'hiver, l'âme a besoin de silence pour se renouveler.

Je ne cherche pas à connaître les réponses, je cherche à comprendre les questions.

CONFUCIUS

Aujourd'hui, je veux pouvoir compter sur moi-même dans ma quête de la vérité.

Si je m'en remets constamment aux autres pour trouver mes réponses, je finirai par n'être qu'un pantin ballotté de-ci de-là et qui ne comprend rien à ce qui se passe autour de lui.

Si je ne prends pas la peine de saisir le sens de ce que j'entends ou de ce que je lis, et que je me fie à la compréhension d'une tierce personne, un jour ou l'autre je deviendrai totalement dépendant du jugement des autres.

Il faut une certaine dose de courage et de persévérance pour atteindre la connaissance. Mais c'est une clé essentielle pour atteindre la liberté.

Aujourd'hui, je chercherai à comprendre une chose après l'autre, en commençant par les questions.

*Un homme est riche tant que ses buts et ses rêves
sont intacts.*

L. Ron Hubbard

Si le corps a besoin de nourriture et d'eau
pour survivre, l'âme a besoin de rêves. Quelle
que soit la façon dont nous envisageons notre vie,
nous ne sommes que le fruit de nos propres décisions. On peut mesurer le bonheur d'un individu
en fonction des rêves qu'il a su maintenir en vie
et réaliser malgré tous les obstacles, et Dieu sait
qu'ils peuvent être nombreux !

Enfant, je rêvais librement, amoureux fou de
la vie, confiant et vainqueur devant l'adversité. Si
les années ont écrit leur histoire dans mes yeux,
elles n'ont pu flétrir mes rêves à jamais, puisque
la pensée est immortelle.

Aujourd'hui, je chercherai à raviver tous ces
rêves que j'ai eus, tous ces buts que j'ai abandon-
nés, comme on fait revivre son jardin le printemps
venu.

Dans la brume ou la tempête, le phare éclaire et réconforte le marin. Le monde a besoin de réconfort et d'apaisement. Soyez un « phare » dans la vie.

HERVÉ DESBOIS

Hier, un ami a posé sa main sur mon épaule quand les soucis et le chagrin pesaient trop sur moi. Demain, je serai peut-être celui qui réconfortera l'âme en peine d'un parent, d'un ami ou, pourquoi pas, d'un parfait inconnu.

Je ne peux supporter de voir quelqu'un souffrir sans, au moins, lui demander ce que je peux faire pour l'aider. Quelquefois, le simple fait de montrer à l'autre que l'on se soucie de lui est suffisant pour ramener une étincelle d'espoir dans ses yeux.

La fragilité du monde repose sur les épaules de femmes et d'hommes de bonne volonté, des gens qui n'ont pas peur de tendre la main, qui ne craignent pas de donner un sourire ou une parole de réconfort.

Aujourd'hui, je ne serai pas indifférent à ce qui se passe autour de moi, j'apprendrai à aider un peu plus qu'hier.

L'amour, c'est de l'oxygène. L'amour inspire toutes les beautés du monde.

Extrait du film *Moulin rouge*

Lorsqu'on se laisse envahir par l'amour, c'est toute une sensation de bien-être que l'on ressent alors, comme si notre cuirasse et nos faiblesses s'évanouissaient d'un seul coup. Le cœur de glace devient aussi chaud qu'un soleil, le visage dur et impénétrable s'illumine soudain pour laisser entrevoir une douceur insoupçonnée, les yeux brillent d'un nouveau feu et les gestes deviennent tendresse ou prévenance.

L'amour est une bouffée d'air frais qui me fait voir le monde et les gens avec les yeux de la beauté.

L'amour est un langage universel qui s'exprime malgré les différences et les barrières, malgré les conflits et les frontières.

L'amour est fraternel ou amical, maternel ou cordial, courtois ou sensuel, l'amour a mille visages et mille couleurs, l'amour est partout où je veux bien le voir et le faire naître.

Aujourd'hui, je me laisse vivre et habiter par l'amour.

On aime ressentir l'influence bienfaisante d'un enfant, se mettre à son école et, l'âme apaisée, l'appeler son maître avec reconnaissance.

SÖREN KIERKEGAARD

L'enfant me rappelle que la vie peut être simple et belle, que tout l'univers peut tenir dans un éclat de rire, le temps d'un sourire, le temps qu'il faut, le temps qu'on veut.

L'enfant me rappelle que la vie peut être partout, dans le brin d'herbe odorant, dans le chat que l'on caresse ou dans le bonhomme de neige éphémère.

L'enfant me rappelle que la vie est en moi depuis le premier jour, depuis mon premier cri, mes premiers pas, et qu'elle est toujours là à battre, même quand je ne la vois pas.

L'enfant me rappelle que la vie est un apprentissage quotidien qui n'est jamais vraiment complet.

Aujourd'hui, j'apprends à être le maître et l'élève.

Entre le ciel et la terre, il n'y a qu'une demeure temporaire.

BOUDDHA

Rien ne reste immobile et inchangé, car tout passe et vit en son temps, ne laissant que l'ombre d'un souvenir pour les gens et les choses à venir.

Quelle différence entre un jour ou une vie, si ce n'est le temps écoulé ? Comme le soleil se lève et disparaît à l'horizon le soir venu pour reparaître le lendemain, comme nous enfilons des vêtements différents jour après jour, nous nous drapons d'une identité, puis d'une autre, et d'une autre encore.

Aujourd'hui, la terre est ma demeure, une résidence secondaire qu'il me faudra quitter un jour ou l'autre. Si ma vie présente n'est qu'un passage, c'est une réalité que je considère avec sérénité car elle me conduit vers une autre vie, ici ou ailleurs.

Qui écoute et se tait laisse le monde en paix.

PROVERBE MONÉGASQUE

Quels que soient mon âge ou ma condition, je sais qu'il me restera toujours quelque chose à apprendre. L'existence est si riche et si diversifiée que je peux sans cesse poser mon regard sur l'inconnu.

Silence et respect, écoute et observation sont mes compagnons d'étude. L'ancêtre et l'enfant, la nature et l'univers sont les maîtres qui enrichissent mes connaissances jour après jour.

Aujourd'hui, je suis la route de la sagesse en apprenant à me taire et à écouter.

La musique réconforte le cœur et nous met dans de bonnes dispositions.

PROVERBE CHINOIS

La musique est comme la vie. Elle est douce ou violente, tranquille ou énergique, discrète ou enivrante. Elle est harmonieuse ou emportée, limpide ou saccadée, rageuse ou cristalline.

La musique est comme la vie. Elle nous fait sourire ou pleurer, elle nous arrache un soupir ou nous fait du bien. Elle est au diapason de la vie, de notre vie, et chacun peut y trouver le réconfort ou la flamme dont il a besoin.

La musique est une évasion dans une bulle qui flotte entre deux mondes, un univers où je retrouve mon harmonie, où je me rebranche avec moi-même.

Aujourd'hui, pour mon bien-être ou mon plaisir, je prends le temps d'écouter de la musique.

L'âme trouve son repos en dormant peu, le cœur dans le peu d'inquiétudes et la langue dans le silence.

PLATON

L'âme en paix, je veux trouver mon bien-être et mon réconfort dans les choses simples de la vie. Quelques mots d'amour ou d'amitié à partager, quelques minutes en silence à contempler le monde et la vie, à sentir la main d'un enfant vivre dans la mienne, à me perdre dans son rire et ses jeux.

Aujourd'hui, je veux être bien avec moi-même, vigilant et attentif dans mes rapports avec les autres, avare de mots inutiles, mais généreux dans mes encouragements.

Aujourd'hui, je ne laisserai pas l'inquiétude assombrir le ciel de ma vie ni le ciel de ceux que j'aime.

La colère est une énergie négative qu'il faut décharger, mais pas sur les autres.

HERVÉ DESBOIS

Je ne ferai qu'envenimer l'atmosphère autour de moi si je cède à la colère ou à tout autre sentiment négatif qui m'habite et m'envahit. Au fond, je sais bien que ce n'est plus vraiment moi qui parle ou qui agis lorsque je me laisse emporter par la colère ou le ressentiment. C'est comme si une autre entité s'emparait de moi et me dirigeait telle une vulgaire marionnette. Si je veux être plus fort que cet « autre moi-même », je ne dois pas lui donner la chance de me dominer. La meilleure façon d'en venir à bout est d'aller chercher le calme et l'apaisement dans une solitude momentanée, quitte à ce que j'aille crier ma colère aux arbres, aux nuages ou aux pierres.

Aujourd'hui, je sais que je peux être plus fort que ma colère en allant chercher le silence loin des autres.

Soyez le maître que vous voudriez avoir.

VICTOR HUGO

Jamais je ne me tromperai si j'agis envers les autres comme j'aimerais qu'ils agissent envers moi. Ils méritent que je me questionne régulièrement sur mes façons d'être et de faire avec eux.

Il est possible de lire dans les yeux des autres les sentiments que l'on engendre par nos gestes ou nos paroles. Il suffit alors d'un peu de courage et d'humilité pour modifier ces comportements qui font souffrir ou qui dérangent ou, au contraire, pour renforcer tout ce qui réconforte et fait du bien.

Aujourd'hui, je cherche à bâtir l'harmonie autour de moi en étant aussi bon et attentionné avec mon entourage que je peux l'être avec moi-même.

*Je ne peux m'empêcher d'admirer la force sereine
qui se dégage d'un bouddha.*

HERVÉ DESBOIS

Aujourd'hui, je veux prendre pour modèles
celles et ceux qui vivent dans la paix et la
sérénité, en harmonie avec eux-mêmes et leur
entourage, celles et ceux qui respectent et
admirent la vie dans ce qu'elle a de plus beau et
de plus pur. Comme le soleil transmet sa chaleur
à qui cherche ses rayons, la paix se communique
entre les gens de bonne volonté.

Aujourd'hui, je me laisse gagner par le calme
et la sérénité que peuvent m'inspirer les autres.

La véritable mosquée est celle qui est construite au fond de l'âme.

PROVERBE ARABE

Qu'importe les prières que je fais et les bons mots que je peux dire ici et là, je dois agir dans le sens d'une justice plus grande.

Qu'importe le dieu que j'implore ou les textes sacrés que je lis, je dois agir dans le sens d'un amour universel.

Qu'importe qui je suis ou ce que je fais, je dois agir dans le sens de la paix.

Aujourd'hui, je contribue à la beauté du monde en apportant ma pierre de justice, d'amour et de paix au grand temple de l'humanité.

Le vrai héros est celui qui bataille avec l'esprit ouvert et sans partialité et qui pourtant mène une vie de paix et de liberté.

SWÂMI RÂMDÂS

Comment pourrais-je connaître les tourments du regret si je suis respectueux envers les autres et la vie ? Chaque pas que je fais, chaque décision que je prends, tous mes faits et gestes s'inscrivent dans mon propre univers et c'est mon propre livre que j'écris et que j'emporte avec moi. Mes plus grandes joies, comme mes plus grandes souffrances, ne sont pas celles qui me viennent des autres, mais celles que j'aurai moi-même données aux autres.

Aujourd'hui, je m'efforce de vivre en paix avec moi-même et ceux qui m'entourent, c'est la seule façon de garder l'esprit libre.

Traverse tranquillement le bruit et la fureur et n'oublie pas la paix que peut t'apporter le silence.

HELEN FIELDING

La première neige dépose ses gros flocons paresseux sur la terre frileuse et nous sommes parcourus d'un frisson qui nous pousse vers la chaleur d'un foyer accueillant. Quand l'hiver s'installe autour de nous, instinctivement nous nous replions sur nous-même, à la recherche de notre propre chaleur, à la recherche d'un abri tiède et réconfortant.

L'hiver peut bien venir et vivre sa saison, je ne perdrai pas le feu qui brûle en moi.

Lorsque votre entourage s'affole, prenez quelques secondes pour observer la situation. Ne vous laissez pas emporter dans le tourbillon.

HERVÉ DESBOIS

On ne prend jamais assez le temps de regarder vraiment ce qui se passe autour de nous. Souvent les solutions nous pendent au bout du nez sans que nous soyons pour autant capable de les voir. C'est aussi simple que de sortir un beau matin et de se rendre compte que le soleil est là, ou que le jardin est fleuri.

Serai-je capable d'arrêter la tornade si je me jette dedans ? Au milieu du tourbillon, trop de confusion m'empêche de voir ce qui est là, et j'ai bien mieux à faire que de m'inquiéter des problèmes et de leurs conséquences.

Aujourd'hui, je regarde les obstacles et les difficultés d'un œil extérieur. C'est là le meilleur point de vue.

Rien n'est petit pour un grand esprit.

ARTHUR CONAN DOYLE

Ce sont souvent les petits gestes qui sont le plus remplis d'attention. Le coup de main que je donne sans tambour ni trompette, les petits mots et les regards lancés dans un sourire et qui me disent que je compte pour toi, le service rendu sans aucune attente en retour, toutes ces petites choses faites au quotidien et sans aucun calcul, sont autant de petits soleils qui viennent réchauffer le cœur.

Aujourd'hui, je serai présent et attentif à ce que je donne et à ce que je reçois, tous ces petits riens qui sont tout et qui font que la vie est belle.

Pardonnez beaucoup de choses, oubliez-en un peu.

VICTOR HUGO

Nous pouvons souffrir longtemps de toutes les méchancetés dirigées contre nous. Cependant, plus nous y accordons d'importance et plus nous leur donnons la force de nous tourmenter. Comme neige et glace s'évaporent au soleil de printemps, le pardon finit par éclipser les mauvais sentiments, et celui qui cherche à empoisonner la vie des autres finira par s'empoisonner lui-même avec son propre venin.

Les rancunes ne font que me garder pris au piège dans le passé et détournent mon regard du présent.

Aujourd'hui, j'aurai l'intelligence de la clémence et la force de l'oubli, car l'âme noble répond à l'injure par le pardon.

La source de nos chagrins est d'ordinaire dans nos erreurs.

JEAN-BAPTISTE MASSILLON

Si la source de nos malheurs se trouve dans nos propres erreurs, nous sommes aussi les artisans de nos victoires et de nos succès. Malgré l'apparente facilité des temps modernes, la vie reste un combat que nous devons mener un jour après l'autre. Un combat d'abord contre nous-même, puis contre ceux qui cherchent à brimer nos rêves, et contre toutes ces embûches qui semblent surgir de nulle part dès que nous décidons de nous lancer à la poursuite de nos buts.

Aujourd'hui, je sais qu'il existe un chemin que je peux suivre sans crainte de me perdre, un chemin dont l'itinéraire s'inscrit en lettres d'or au plus profond de moi : Ne pleure pas sur ce qui n'est plus, n'espère pas ce qui n'est pas, mais n'arrête jamais de créer.

L'âme est la meilleure partie de nous-même.

SÉNÈQUE

L'être humain est d'une drôle d'espèce. Il est capable des pires bassesses comme des plus grandes réalisations. Autant les actions criminelles inspirent le dégoût et la honte pour la race humaine, autant les gestes de générosité et de bravoure fondés sur l'humanisme démontrent toute la noblesse dont les femmes et les hommes sont capables.

C'est l'éternelle histoire de l'être humain, le bien et le mal, de l'esprit et de la matière, de l'âme et du corps. Tous ces défauts et ces travers qui sont en moi et qui m'inspirent honte et regrets quand je me laisse guider par eux ne sont pas moi. Au fond, je sais que toutes les beautés du monde trouvent leurs racines dans la nature divine de l'être humain.

Aujourd'hui, j'écouterai la voix de ma nature profonde et divine, j'écouterai ce qui est beau en moi.

La colère déforme même le plus beau des visages et lui donne des airs de cauchemar. Pensez-y la prochaine fois que vous perdrez votre calme.

HERVÉ DESBOIS

Quelle est l'image que je projette et comment les autres me perçoivent-ils ? Suis-je un modèle de calme et de sagesse ou plutôt quelqu'un qu'il vaut mieux laisser tranquille et éviter ?

Comme la colère me donne les traits de la laideur, ce qu'il y a de désagréable en moi se reflète dans ce que je suis et ce que je fais.

Personne ne désire être mal aimé et, consciemment ou non, tout le monde aspire à être apprécié et respecté. Mais c'est chacun qui trace sa propre voie et qui fait de sa vie un rêve ou un cauchemar car, s'il est possible d'empirer, il est aussi possible de s'améliorer.

Aujourd'hui, je suis conscient de mes faiblesses et de mes travers et je poursuis la voie de la sagesse en ne craignant pas de remettre en question ce que je pense, ce que je fais et ce que je suis.

Soyez lent à promettre mais prompt à agir.

SAGESSE CHINOISE

Même si je veux faire plaisir, je veux avant tout aider, et si je donne ma parole, je veux m'assurer de pouvoir la tenir. Il n'y a rien de mal à dire non si je sais que je ne peux m'engager, car ce sont mon honneur et mon intégrité qui sont en cause lorsque je fais une promesse, peu importe la promesse et peu importe la personne à qui je la fais.

S'il est toujours possible d'aider, il est parfois préférable de prendre le temps de réfléchir avant de promettre notre aide, car une promesse non tenue fera toujours plus mal qu'une promesse non faite.

Aujourd'hui, je m'efforce d'aider, sans trahir la confiance que les autres peuvent avoir en moi.

La paix n'est pas un don de Dieu à ses créatures. C'est un don que nous nous faisons les uns aux autres.

ELIE WIESEL

Quels que soient l'image de mon dieu ou le nom du créateur auquel je crois, que je l'appelle messie ou simplement la vie, cet être suprême ne fait que me donner le droit à l'existence. Le reste m'appartient.

Les sentiments et émotions que je suscite chez les autres ne sont que le fruit de mes propres interventions et attitudes, et si je considère mon environnement et mon entourage comme autant de reflets de moi-même, je pourrais alors apprendre à changer en me connaissant mieux.

Aujourd'hui, j'observe ce que je suis et ce que je fais en étant attentif à ceux qui m'entourent. Si l'existence m'est donnée, c'est à moi de transmettre les beautés et les vertus de l'âme, et tout ce qui fait que la vie peut être belle.

Les vrais mots peuvent ne pas être plaisants. Les mots plaisants peuvent ne pas être vrais.

SAGESSE CHINOISE

Quand tout va trop vite et que les repères semblent s'évanouir autour de moi, les valeurs de sincérité et d'honnêteté sont comme des guides qui me rappellent la route à suivre. Si le doute veut s'installer dans mes pensées quand toutes sortes d'options ou d'opinions se présentent, je sais que mes décisions, mes paroles et mes choix doivent être empreints d'honnêteté, peu importe le reste.

Le médecin qui tait la maladie au patient n'empêche pas la maladie de faire ses ravages. Ainsi, quelle que soit la dureté des mots, la vérité sans artifice est préférable à la futilité de compliments trompeurs, aussi beaux soient-ils.

En toutes circonstances, je veux faire de la sincérité et de l'honnêteté des points d'honneur dans ma vie quotidienne.

Chaque âme est et devient ce qu'elle contemple.

PLOTIN

Pour être clair et positif, l'esprit doit se nourrir d'humanité et de beauté. Que le ciel soit partiellement ensoleillé ou partiellement couvert ne dépend que de notre point de vue et de ce que nous voulons bien voir. Ainsi, nous faisons le monde comme nous le voyons, et nous voyons le monde à la lumière de nos propres idées et sentiments. Comme le corps se porte bien ou mal selon ce que nous lui donnons à manger, l'âme aura la couleur de ce que nous regardons.

Aujourd'hui, je concentre mes pensées sur les beautés du monde et des gens. La terre qui s'abreuve de pluie et de soleil sera féconde et verdoyante.

Les grandes pensées viennent du cœur.

VAUVENARGUES

À mesure que l'enfant découvre le monde et les gens qui l'entourent, il sort de son propre monde et porte son attention sur d'autres que lui. Il comprend ainsi qu'il peut observer et connaître, explorer et savoir, aimer et se faire aimer.

La vie est une immense toile, c'est le grand tableau d'un grand maître dont les paysages nous offrent sans cesse des beautés insoupçonnées si nous savons regarder son œuvre et l'admirer avec des yeux d'enfant, les yeux de l'innocence et de la simplicité.

Celui qui sait voir et penser avec son cœur ne pourra vraiment commettre d'erreurs.

C'est mieux de croire en un dieu que de ne croire en rien.

HERVÉ DESBOIS

Le respect pour autrui vient du respect pour la divinité de l'existence humaine, indépendamment de toute philosophie ou religion. Le matérialisme, s'il nous procure confort et plaisirs, nous fait facilement oublier la nature spirituelle de l'être humain. Il suffit d'observer l'évolution des sociétés d'un siècle à l'autre pour s'en rendre compte. L'idéal n'est pas de vivre dans une austérité totale mais de trouver l'équilibre entre deux mondes.

La matière est brute dans son état originel. C'est l'esprit qui la domestique et la rend douce ou belle. Quelle serait la couleur de notre monde si nous n'étions que matière, sans aucune étincelle spirituelle ni divinité pour nous habiter ?

Aujourd'hui, je considère la vie au-delà des apparences matérielles. Je m'efforce de reconnaître l'existence divine derrière tous les visages de la création.

Heureux les artisans de la paix, car ils seront appelés fils de Dieu.

SAINT MATTHIEU

La morale et les leçons de la vie sont dans toutes choses, même dans la mort, pour qui veut bien les voir. Personne n'aime se faire dire ses vérités parce qu'il n'y a rien de plus édifiant que de les trouver soi-même. Prophètes et philosophes de toutes époques et de tous horizons, ont écrit des livres profanes ou sacrés pour nous montrer comment trouver la vérité. S'il faut apprendre pour savoir, il faut d'abord en avoir la volonté, et celui qui sait et veut lire en lui finira par trouver son propre bonheur.

Aujourd'hui, je m'efforce d'apporter la paix et l'harmonie en moi et autour de moi. Je sais que ce que je donne me reviendra.

Un seul arbre ne peut faire une forêt.

PROVERBE CHINOIS

Nous devons admirer celui qui travaille avec acharnement sans compter ses heures et sa peine, mais encore plus celui qui cherche la compagnie des autres pour accomplir une œuvre commune. Si nos capacités individuelles peuvent être surprenantes, la force d'un groupe semble parfois tenir de la magie. Sans chercher à reporter nos propres responsabilités sur les autres, il est bon et sage de s'unir afin de progresser en tant que groupe et en tant qu'individu.

Aujourd'hui, je ne sous-estime pas mes propres aptitudes mais je reconnais la force et la puissance de la coopération.

Avec nos pensées, nous créons le monde.

BOUDDHA

L'enfant regarde son père et sa mère, il considère ce qu'il sera plus tard.

L'enfant observe et écoute le monde autour de lui, il invente ce qu'il deviendra.

L'enfant se nourrit de ce qui l'entoure, il enfante son propre avenir.

L'enfant né de l'amour et s'épanouissant dans la paix apportera sa propre paix au monde.

L'enfant et l'adulte bâtissent leur monde et le monde avec leurs pensées. Rien d'autre ne les sépare que les années.

Aujourd'hui, je serai la force et le calme, la puissance et la sérénité, je serai le yin et le yang, je serai feu et je serai zen.

Aujourd'hui, je crée harmonie et équilibre, en moi et autour de moi.

Libérer l'âme du ressentiment, c'est le premier pas vers la guérison.

ÉRIC MARTEL

Plutôt que de nourrir le ressentiment en rêvant de vengeance, je pense à la paix en pansant mes plaies, toutes ces blessures qui assombrissent l'âme et flétrissent les sourires.

Le plus petit pardon requiert une plus grande force que la plus terrible des vengeances.

Malgré la violence et le désir de punir qui peuvent m'habiter, je dois reconnaître que la force devient faiblesse quand elle ne fait que soulager des instincts de vengeance.

La souffrance et les misères du monde ne sont que l'accumulation de toutes les misères et souffrances individuelles. Ainsi, toute société ne vit que grâce à la paix et aux efforts des gens de bonne volonté. Mais sur quoi l'avenir du monde peut-il reposer si ce n'est sur la paix ?

Aujourd'hui, j'apporte ma part de paix et de soulagement au monde en effaçant le ressentiment de ma propre vie.

Ma chanson est un miroir dans lequel tu verras ce que tu veux bien y voir.

HERVÉ DESBOIS

Quand le quotidien m'emporte et me perd dans sa course folle, la musique m'apaise et me permet de me retrouver. Dès que les premières notes glissent et s'écoulent en moi, le temps s'arrête et plus rien d'autre n'existe dans mon univers. Tous les soucis qui pesaient sur mes épaules et noyaient ma conscience s'évaporent comme brumes au soleil.

La musique est une caresse qui calme les tourments et berce l'âme, c'est un tableau qui se dessine et se crée en moi à mesure que je m'évade.

Aujourd'hui, je puise mon réconfort et ma paix dans la musique, comme je soulage ma soif en puisant l'eau dans la source fraîche.

*On n'est pas uniquement en ce monde pour y
accomplir ses tâches quotidiennes, mais aussi
pour accorder de la place aux rêveries de l'âme
qui l'élèvent et la reposent.*

GABRIELLE ROY

Celui qui ne pense qu'à ses besoins matériels
s'occupe certainement de l'essentiel mais oublie
le principal. Si le corps a besoin de chaleur et de
nourriture, l'âme a ses propres besoins qu'on ne
peut négliger sans risquer de voir dépérir les
deux.

Comme la fleur se nourrit de la terre et du
ciel, l'être humain doit rechercher son équilibre
entre les biens et les nécessités du monde
matériel et la conscience infinie du monde
spirituel.

Je suis un voyageur qui va d'un port à l'autre
et, d'escale en escale, je n'oublie pas d'où je
viens ni où je vais.

Aujourd'hui, je m'interroge sur l'essentiel
dans ma vie.

Cours à droite et cours à gauche ; marche droit, sans faire de fautes ; fais de ton mieux et fais le bien... Ferme les yeux, reprends ton souffle ; tout est bien.

HERVÉ DESBOIS

Comment puis-je dire que je suis maître de ma vie lorsque les obligations du quotidien semblent peser sur moi comme autant de chaînes ? Comment puis-je affirmer que je prends mes propres décisions lorsque j'ai l'impression d'être emporté dans le rythme fou d'une société moderne et matérialiste ?

Comme le chauffeur conduit son véhicule selon sa propre volonté, sans toutefois toujours être conscient de sa façon de conduire, c'est moi qui, un jour, ai pris la décision d'entrer dans la ronde du quotidien et, d'une façon ou d'une autre, c'est moi qui décide d'y rester ou d'en sortir. L'âme et la pensée restent toujours libres, peu importe les prisons que nous avons nous-même bâties.

Aujourd'hui, je prends le temps de réfléchir et d'aimer, je prends le temps de marcher, de m'asseoir et de respirer pour moi-même.

Nous sommes les chaînons vivants d'une force de vie qui se déplace et s'amuse en nous, autour de nous, en unissant les sols les plus profonds et les étoiles les plus éloignées.

ALAN CHADWICK

Aujourd'hui, je prends du recul par rapport à ce que je suis et ce que je vis, conscient de mes faiblesses d'être humain, mais également conscient de ma nature spirituelle et de tout le potentiel qui niche au fond de moi. Je suis comme l'artiste regardant le paysage qui s'étend devant lui et qui le peint sur la toile en y mettant son âme et ses couleurs.

Aujourd'hui, je regarde ma vie comme un maillon qui a sa place et son importance dans la formidable chaîne de la vie.

Quel était votre visage avant la naissance de vos parents ?

KOAN ZEN

Aujourd'hui, je n'aurai pas peur des questions qui dérangent ou qui semblent sans réponses.

Aujourd'hui, je ne craindrai pas de remettre en question ce que je suis et ce que je fais.

Aujourd'hui, je regarde ma vie avec calme et détachement. Je regarde ce que je voulais être et ce que je suis devenu.

Car je sais qu'il n'y a rien de plus louable et de plus valorisant que de poursuivre et d'atteindre ses propres buts.

C'est dans l'insignifiant que se trouve ce qu'il y a de plus important.

MOHANDAS GANDHI

Il y a du beau et du splendide dans la richesse et le faste, mais il existe une beauté encore plus pure que l'on trouve dans les choses les plus simples de la vie. Si l'or des palais suscite admiration et envie, levers et couchers de soleil émerveillent jour après jour, qui que l'on soit et où que l'on soit sur la planète. Pour qui sait s'abandonner à une contemplation simple et muette, le spectacle de la nature peut facilement nous plonger dans un état d'extase et de sérénité. Et que dire de tous ces gestes simples et gratuits qui viennent nous toucher dans ce que nous sommes de plus vrai et de plus profond ?

La main de l'homme peut transformer la matière en chefs-d'œuvre, mais c'est toujours l'âme qui parle à travers les yeux de l'artiste.

Aujourd'hui, je serai capable de reconnaître toute la beauté qui réside dans les choses simples de la vie.

L'arbre du silence porte les fruits de la paix.

PROVERBE ARABE

Dans nos sociétés modernes, le silence semble devenir une «denrée» de plus en plus rare. Pourtant, le silence apporte des réponses là où des milliers de mots n'apportent que vide ou confusion car, bien souvent, les mots ne font qu'enterrer la vérité.

Pourquoi parler quand on peut se taire ? Pourquoi faudrait-il toujours avoir quelque chose à dire ? Pourquoi chercher à expliquer quand on peut comprendre simplement en regardant ? L'amour ou l'amitié ont-ils besoin de paroles pour exister ? Devons-nous absolument mesurer en mots la valeur d'un regard ou d'une caresse ?

Un geste suffit pour dire mon amour, un regard suffit pour dire que j'ai compris.

Jour après jour, j'apprivoise les mots du silence.

Notre âme est emmaillotée dans notre corps, comme un enfant dans ses langes : on ne lui voit que la figure.

LE CURÉ D'ARS

L'homme est en quête de sa nature spirituelle depuis des milliers d'années, comme à la recherche d'un royaume perdu dans l'immensité de l'espace et du temps. Même l'arrogance du matérialisme ne pourra éteindre cette flamme qui éclaire les individus de toutes races et de toutes origines sur le chemin de vérités divines et universelles.

Comme le vent se voit dans les branches d'arbres qu'il fait bouger, tout chez nous parle de l'invisible qui nous habite. Les gestes que je fais, mes paroles et mes silences, comme j'aime ou je déteste, tout cela n'est que le reflet de ma vraie nature. Mon corps n'est qu'une marionnette que j'anime selon mes propres buts et sentiments.

Jamais je ne perdrai la foi en ce que je suis de plus vrai et de plus profond.

Toi, le poète, le conteur, le magicien de l'esprit, fais que ma pensée voyage en liberté, comme un oiseau sans nid.

HERVÉ DESBOIS

Un livre entre les mains, une chanson dans la tête, je bois les mots dans le silence, comme un élixir qui me ferait renaître dans un autre monde qui n'appartient qu'à moi.

Mots écrits ou mots chantés, je plonge dans le royaume du rêve, ce royaume invisible aux yeux des autres et qui, pourtant, occupe tout mon univers, le temps d'une page ou d'un poème. Je voyage en transparence avec des compagnons d'un autre monde, d'un autre temps, je suis un spectateur intouchable, ni du dedans ni du dehors, seul parmi une foule de personnages qui se dessinent dans ma pensée.

Aujourd'hui, un livre entre les mains, une chanson dans la tête, je me laisse aller en moi, parcourant des millénaires et des espaces sans fin, le temps d'un rêve ou d'un soupir.

La patience moissonne la paix, et la hâte le regret.

AVICÉBRON

Comme le soleil reprend chaque jour sa course dans mon coin de ciel, inlassablement je poursuis ma quête d'une vie meilleure pour moi-même et pour les miens. Si j'apprécie l'aisance et le confort du monde matériel, je n'oublie pas de travailler pour la paix, la mienne et celle de mon entourage, puisqu'elle seule peut garantir aux hommes et aux femmes la jouissance des biens de ce monde.

Malgré l'ère de vitesse dans laquelle nous vivons, je ne crois pas aux résultats et aux changements instantanés. Je sais que le monde doit avant tout s'armer de tolérance et de patience. Mais de quoi est faite la patience si ce n'est de foi et de courage, d'honnêteté et de persévérance, de sourires et de souffrances ?

Jour après jour, la patience est un don qui se cultive en toutes saisons, au cœur même de l'agitation quotidienne, au cœur même de ma propre hâte d'un monde meilleur.

La quête de l'esprit est d'être libre.

HERVÉ DESBOIS

À quoi ressemble l'esprit libéré du poids de la chair ? Est-il possible de vivre à la fois dans le monde et en dehors du monde, hors du temps et de l'espace, en perpétuelle extase loin des pièges de l'univers physique ?

Comme la fleur s'épanouit au soleil et porte en elle les semences de la vie passée et à venir, je n'ai pas besoin de connaître les réponses à ces questions pour continuer de grandir. Plus d'amour, de compréhension, de tolérance, plus de compassion, d'entraide et d'amitié, voilà plutôt ce que je cherche à atteindre dans mes gestes quotidiens.

Aujourd'hui, je cherche à me libérer des chaînes du ressentiment et de toutes ces faiblesses qui entravent le bonheur et la liberté, la mienne et celle des autres.

Il est préférable de plier dans le vent que de briser.

PROVERBE CHINOIS

Le plus fort est celui qui est encore debout après le passage de la tempête. Peu importent les richesses ou la beauté dont j'ai héritées en venant au monde, c'est ma force intérieure qui me donne la bravoure et la vigueur d'affronter les épreuves de la vie et qui, au bout du compte, fera de moi un être libre.

Tout comme les poussières transportées par le vent aveuglent celui qui ne prend pas garde, la vie apporte son lot d'épreuves et de confusions qui peuvent me perdre si je leur fais face avec, pour seule arme, l'arrogance de mon orgueil.

Aujourd'hui, c'est en reconnaissant mes faiblesses que je pourrai trouver la force de vaincre.

Ah, la musique ! Ce sont des morceaux de bon Dieu qui vous entrent dans l'âme par les oreilles !

LOUIS PELLETIER-DLAMINI

Des symphonies qui en disent plus que les plus beaux discours et parlent aux cœurs sans dire un mot, des symphonies qui caressent l'âme et l'enveloppent d'une infinie douceur, créant le calme et l'apaisement dans le tumulte de la terre.

La musique m'emporte en des mondes où plus rien n'existe sinon l'harmonie et la beauté. La musique ouvre à mes yeux des espaces où naît la poésie du monde.

La musique, ce lien qui relie l'invisible au monde des hommes, comme une brise venue du ciel pour nous transfigurer et nous rappeler d'où nous venons.

Aujourd'hui, je m'abandonne à la musique et je me laisse emporter les yeux fermés dans ce pays où la pensée rencontre l'infini, où l'âme rencontre Dieu.

Le premier des bons ménages est celui que l'on fait avec sa conscience.

VICTOR HUGO

Que puis-je dire de cette année qui s'achève ?

Qu'ai-je fait de ce temps qui a filé sans faire de bruit ?

Quelles sont les leçons qu'il me faut réviser avant de me tourner vers demain ?

Chaque pas que j'ai fait m'a rapproché ou détourné de mes buts. Je peux voir cette année comme une étape qui vient de se terminer, et moi seul sais ce que j'ai gagné ou perdu. Cette nouvelle année que je m'apprête à découvrir sera ce que j'en ferai, à l'image de l'enfant qui ouvre la première page de son cahier tout neuf au premier jour d'école.

Hier était à moi, et demain m'appartient encore.

Transcontinental
IMPRESSION
IMPRIMERIE GAGNÉ